教育部人文社会科学研究一般项目（青年基金）
“传统农区农民创业决策行为研究——基于湖北省的实证”
（项目编号：10YJC630311）资助

武汉纺织大学学术著作出版基金资助出版

传统农区农民创业决策行为研究
——基于湖北省的实证

许昆鹏 著

图书在版编目(CIP)数据

传统农区农民创业决策行为研究:基于湖北省的实证/许昆鹏著. —武汉: 武汉大学出版社,2016.10
ISBN 978-7-307-18593-7

Ⅰ.传… Ⅱ.许… Ⅲ.农民—劳动就业—研究—湖北 Ⅳ.F327.63

中国版本图书馆 CIP 数据核字(2016)第 209772 号

责任编辑:陈 帆　　责任校对:李孟潇　　版式设计:马 佳

出版发行: **武汉大学出版社** (430072 武昌 珞珈山)
(电子邮件: cbs22@ whu. edu. cn 网址: www. wdp. com. cn)
印刷:虎彩印艺股份有限公司
开本: 720×1000 1/16　印张:10.5　字数:152 千字　插页:1
版次:2016 年 10 月第 1 版　2016 年 10 月第 1 次印刷
ISBN 978-7-307-18593-7　定价:30.00 元

前　言

20 世纪 90 年代后期，由来已久的"三农"问题凸显，已成为制约我国经济发展的一个瓶颈。"三农"问题的核心是农民问题，农民问题的核心是收入问题。解决这一核心问题的主要出路在于扩大农民就业空间，拓宽农民增收渠道。其中一个重要方面，就是要大力支持农民自主创业。在此背景下，农民创业问题有着重要的研究意义。

传统农区作为我国中西部欠发达地区的代表性区域，"三农"问题表现突出，是当前统筹区域协调发展的重点对象。因此，传统农区农民创业问题更值得重点关注。

本书以湖北省为例，对传统农区农民创业决策行为进行了实证研究，研究内容主要分为四个部分：

第一部分主要是文献综述。这一部分对农民创业决策的影响因素进行了系统的梳理和分析，从中我们发现，虽然国内外对农民创业问题的研究成果已经比较丰富，但关于农民创业决策的研究结果仍比较有限。已有的研究主要关注创业者的个体特征、人力资本、社会网络、创业环境、创业政策等因素对农民创业决策的影响，但创业是创业者和创业机会相互作用的动态过程，如果想完整地理解创业过程，就不能把两者割裂开来。因此，需要探索创业机会对农民创业决策的影响机理。

第二部分是理论分析框架的构建。该部分基于个体—机会关系研究范式构建了理论框架，该理论框架的内在逻辑体现为：决策是信念的结果，潜在的农民创业者首先识别出创业机会，该机会被称为第三人机会，他需要对第三人机会进行评估，以确定该机会是不是第一人机会，评估的结果是形成一个机会信念，如果该机会对他来说具有合意性和可行性，即可被视为第一人机会，此时他要么选择开发，要么选择放弃。同时，机会信念与创业决策的关系受创业者自我形象的调节。该理论框架从新的研究视角对我国传统农区农民创业决策机理进行了初步探索，也为后续实证研究提供了总体框架。

第三部分是实证分析。通过研究发现，创业机会信念是影响农民创业决策的关键要素。在识别创业机会后，潜在的农民创业者不会马上实施创业行为，而是先对机会的潜在价值、创业资源的可获取性以及自己的创业能力和动机进行评估，只有当他们形成了创业机会的合意性信念和可行性信念时，才有可能选择创业。创业机会合意性信念主要来源于潜在的农民创业者对产品生命周期和市场潜力的评价，他们青睐产品生命周期长久、市场潜力巨大的创业机会，但目前还主要集中在规模化种植、养殖、批发零售等传统行业进行创业，比如农村电子商务、农村物流等新兴产业虽已触及，但所占比重较小。创业机会可行性信念主要来源于潜在的农民创业者对创业资源的可获取性的评价。创业资源的可获取性越强，创业机会的可行性信念越强，就越有可能选择创业。从具体的创业资源类型来看，当前农民创业主要依赖于其自身逐渐积累的经济资本、人力资本和社会资本，但政府的创业支持政策能够起到明显的激励作用。创业失败恐惧抑制了潜在的农民创业者对创业的选择。在识别创业机会后，即使面对合意性和可行性相同的创业机会，创业失败恐惧程度不同的农民也会作出不同的创业选择。因为创业失败会带来心理压力和经济损失等消极结果，那些创业失败恐惧程度高的农民，选择创业的可能性较小。创业自我效能则加强了潜在的农民创业者对创业的选择。在识别创业机会后，具有高自我效能的农民更可能选择创业。因为他们相信自己已具备创业的必要能力，能够胜任各种创业角色和任务，在创业机会具备合意性和可行性的前提下，更可能实施创业行为。

第四部分是结论与政策建议。在“大众创业、万众创新”的重要战略部署下，农民创业意义重大。对于“三农”问题表现突出的传统农区来说，更应该充分发挥农民的创造性和创业激情，通过创业激发农村经济活力，加快传统农业社会向现代工业的转型。因此，基于农民创业决策机理可以制定相应的创业激励和扶持政策。

第一，创业意愿是创业行为产生的最好预测指标。而当前农村创业意愿不强、动力不足，农村创业尚处于自发、起步阶段。因此，加强农民创业意识的培育是创业激励的首要环节。对于政府部门而言，需要积极营造支持性的创业氛围，弘扬创业精神，大力宣传创业榜样，激发农村创业的激情。

第二，识别创业机会是创业行为发生的必要条件，而很多农民受限于自身所拥有的信息量和知识量，无法很好地识别创业机会。因此，要对有创业意愿的农民进行创业机会识别能力的培育，通过系统创业课程、特定主题讲座、创业榜样经验交流等方式，让他们了解创业机会的特征，掌握创业机会识别的方法，关注影响创业机会识别的因素，最终具备识别创业机会的能力。

第三，识别创业机会是创业行为发生的必要条件，但并不必然导致创业行为的发生。识别创业机会后的潜在农民创业者最终是否选择开发创业机会，很大程度上取决于他对该创业机会的评估结果。因此，要对潜在的农民创业者进行创业机会评估技能的培训，让他们掌握创业机会评估的内容与方法，知晓从哪些方面来判断一个机会的价值、如何评价自己与创业机会的匹配性、怎样撰写商业计划书等，最终具备合理评估创业机会、正确把握创业机会的能力。

第四，创业是一项高风险的活动，失败可能性极大。对于以生存型创业为主的农民创业者来说，创业失败不仅意味着心理上的打击，而且还意味着无法承受的经济损失。因此，对创业失败的恐惧往往让他们止步不前。这就需要根据其恐惧根源，提供专业的指导与帮助，例如创业风险评估、商业计划书审核、创业问题应对方案、创业帮扶等，以此来减轻他们的创业恐惧，提高其实施创业行动的可能性。

第五，创业者需要具备能够履行创业者角色和完成创业任务的各种能力，而具备创业能力也会增强创业者的自信心。因此，需要从市场开拓、经营管理、风险承担等方面培育和提升农民的创业能力，以有效促进潜在的农民创业者对创业的选择。

第六，创业需要具备各种创业资源，但当前农民创业依旧主要依赖于个人和家庭逐渐积累起来的自有资源。由于农民家庭财富积累水平和家庭总收入普遍不高，商业信息渠道有限，因此，创业资源不足已成为制约当前农民创业的主要因素之一，这就需要政府通过提供政策资源予以补充，包括政策性贷款、商业信息共享平台、区域性农产品品牌建设与销售推广、基础设施建设等。

目　录

1 绪　论

1.1　问题的提出

20世纪90年代后期，由来已久的"三农"问题凸显，已成为制约我国经济发展的一个瓶颈(张凯、周劲波，2008)。"三农"问题的核心是农民问题，农民问题的核心是收入问题。解决这一核心问题的主要出路在于扩大农民就业空间，拓宽农民增收渠道。其中一个重要方面，就是要大力支持农民自主创业，要"增强农民科学种田和就业创业能力，完善促进创业带动就业的政策措施，将农民工返乡创业和农民就地就近创业纳入政策扶持范围"(《2010年中央一号文件》)。通过政府的帮扶和农民的自主创业来解决富民问题，这不仅关系到农业和农村的发展和稳定，更关系到全面建设小康社会和现代化国家战略目标的实现(吕波等，2008)。

从世界范围来看，农村地区的创业受到广泛重视。在欧盟和OECD国家实施的新农村范式(New Rural Paradigm)中，创业成为促进农村发展的重要工具(OECD，2006)。因为新农村范式更注重农村的发展，而不是简单的农业支持。在创业活跃的农村地区，例如西班牙的加泰罗尼亚，人均收入可以超过城市(Lafuenteetal，2007)。

纵观我国农村20多年的改革进程，农民创业是和农村改革相辅相成的，农民创业对于农村经济的繁荣和稳定具有根本性的作用。农村经济发展的过程是农业劳动力转移和农民不断创业投资带来的，农村经济增长是伴随农民创业、非农化转移的过程(张明林、喻林，2007)，激发农民的创造活力与创业精神曾经是农村改革开放后最重要的发展经验之一(郑风田，2010)。但随后的"民工潮"让更多的农民选择外出务工，农村创业活动趋缓。

如今，重提创业意义重大(郑风田，2010)。一方面，发展现代农业需要培育创业型农民，使之成为新型农业经营的主体；另一方面，新农村建设需要通过创业激发经济活力。但从实际情况来看，农村创业意愿仍旧不强，农村创业的动力仍旧不足(王环，2009；唐远雄、才凤伟，2013)。因此，如何激励更多的农民自发创业，促使更多创业行为的发生，让农村经济的活力在一个合理的时间内而不是过于漫长的时间段内被激发，仍需继续深入探讨。

创业行为的发生始于创业机会的识别，但现实情况表明，识别创业机会仅是创业行为发生的必要条件，并不必然导致创业行为的发生(McMullen & Shepherd，2006；Shane & Venkataraman，2000)。因此，要想激励更多的农民自发创业，我们首先需要回答这样一个问题："在识别创业机会后，为什么有些农民选择开发创业机会而其他人没有？"(蒋剑勇等，2014)目前对这一问题的解答有人力资本视角(如 Skuras et al.，2005；朱明芬，2010；韦吉飞，2008)、社会网络视角(如 Murdoch，2000；Zontanos & Anderson，2004；Bhagavatula et al.，2010；罗明忠、邹佳瑜，2012)、社会嵌入视角(蒋剑勇，2014)和创业环境视角(如 Henderson，2002；Stathopoulou et al.，2004；Ahmed，2009)。多视角的研究说明，农民创业决策是多种因素综合作用的结果，但创业机会应是促使其作出创业决策的核心变量。因为创业是有利可图的创业机会和有进取心的个人的联结(Shane & Venkataraman，2000)，是创业者和创业机会相互作用的动态过程。如果想完整地理解创业过程，就不能把两者割裂开来(Howard & Carlos，1990)。创业机会是创业行为发生的主要来源(Alsos et al.，2003)，学者们需要解释创业机会在创业过程中的作用(Eckhardt & Shane，2003)，但目前对农民创业决策的研究，缺乏从创业机会视角进行分析。

我国传统农区面积广大，人口众多，农村人口和第一产业比重大，经济发展水平低，城镇化水平低，劳动力非农职业化比重小，一直以来是我国农产品的主要产地，担负着保障国家粮食安全的重任(彭荣胜，2012)。那么，落后的传统农区如何实现工业化以提高经济发展水平，推动传统农业社会向现代工业社会转型？我们可以借鉴浙江省农村工业化的发展历程及其经验，农民的创造性和创业激情是第一动力源泉(黄祖辉、朱允卫，2006)。作为减贫增收、带动就业的重要力量，农民创业扮演着缩小城乡差距的重要角色。因此，鼓励农民创业已成为解决"三农问题"的一项重要措施(蒋剑勇，2014)。欧洲的农村发展过程也表明，对于落后地区的发展，相对于传统的主要采用资金支持的方式，在这些地区通过创建具有竞争力的中小企业以进行农业经济结构调整，更是一个能够实现可持续发展的办法(Stathopoulou et al., 2004)。

鉴于此，本书尝试从创业机会这一新的视角出发，采用个人—机会关系范式，对传统农区农民创业决策行为进行研究，希望通过实证研究进行深入的理论挖掘，揭示“在识别创业机会后，为什么有些农民选择开发创业机会而其他人没有”这一现象的内在机制，进而有针对性地提出一些创业激励和扶持政策建议。

1.2 概念界定

1.2.1 传统农区

传统农区一般指地形以平原或丘陵为主；产业以农业为主，且以粮食种植为主；人口以农民为主的欠发达或不发达地区(翟研宁、梁丹辉，2013)。

传统农区一般具有如下经济社会特征：农耕历史悠久且至今仍沿袭着以农业为主的产业结构；自然资源匮乏，除了土地和农产品以外，缺少可供民间开采开发的矿产和渔牧资源；人口密度大，存在大量富余劳动力；资本缺乏，经济社会发展相对滞后(宋伟，2010)。

1.2.2 创业机会

创业作为一个多学科共同研究的领域，最困扰其发展的或许就是概念的界定。迄今为止，创业研究中涉及的概念几乎都没有统一的定义(Shane & Venkataraman, 2000)。

近年来，虽然关于创业机会研究的成果数量急剧增长，但是对创业机会的定义仍存在争议。有的学者强调创新。如 Casson (1982)认为，创业机会是指引入新产品、新服务、新原材料和新组织方式，并能高于成本价出售的情形；Shane & Venkataraman (2000)强调创业机会并不等同于利润机会，创业机会需要发现新的目的手段关系以提高现存的商品、服务、原材料和组织方法的效率，而利润机会则只需在现有的目的手段关系中进行优化；Eckhardt & Shane(2003)进一步指出，创业机会是通过形成新的手段、目的或手段—目的(Means-Ends)关系以引进新产品、新服务、新原材料、新市场和新组织方法的情形；Gaglio(2004)认为，创业机会是将创新性的(而不是模仿性的)商品、服务或过程引入一个行业或者市场的可能性。有的学者则认为，创业机会不仅包含创新，还应包含改善和模仿的情形。如Singh(2001)认为，创业机会是一个可行的、追逐利润的潜在事业，能够向市场提供创新性的新产品或服务，或对现存产品或服务加以改善，或在不饱和市场上对有利可图的产品或服务进行模仿；Smith等(2009)认为，创业机会是对市场无效性开发的可行的利润追逐情形，能够在非饱和市场上提供创新的、改善的或模仿的产品、服务、原材料或组织方法。有的学者基于创业机会的特征对其加以界定。如Stevenson & Jarillo(1990)认为，创业机会是指具有合意性(desirable)和可行性(feasible)的未来情形。还有学者把创业机会简单定义为创办新企业的可能性(如Hills et al.，1999)。

从上述诸多创业机会的定义来看，包含创新、改善和模仿情形的创业机会定义更适用于传统农区的农民创业，这是因为传统农区的农民普遍受教育程度不高，创新能力不足，以模仿创业甚至复制创业居多(蒋剑勇等，2014；高静、贺昌政，2015)。因此，结合Singh(2001)和Smith等(2009)的定义，本书中的创业机会是指“能够将创新性的、改善的或模仿的产品、服务、原材料、技术和生产经营组织形式引入传统农区经济活动中的追逐利润的潜在事业”。

1.2.3　农民创业

在西方学者的研究中，农民创业和农村创业基本上是同义词等换，农民创业就是农民在农村地区的创业，即“在农村创建新组织以生产新的产品或提供新的服务，或创建新市场或采用新技术”(Wortman，1990)，并且特别强调乡村特征(rurality)对创业的影响。但在我国学者的研究中，农民创业和农村创业是有区别的，农民创业不区分创业地点，更强调农民的社会身份。因此，农民既可以在农村地区创业，也可以在城市地区创业。相对于农村创业，农民创业是我国学者的研究重点。

从具体的操作性定义来看，有的学者将各种形式的非农经营视为农民创业(如黄洁等，2010)；有的学者将农民创办新企业视为农民创业(林斐，2002；梁惠清、王征兵，2009；蒋剑勇，2014)；有的学者把扩大农业生产规模或改变生产经营方式视为农民创业(赵西华、周曙东，2006；郭军盈，2006；朱明芬，2010)；还有的学者认为农民创业是指农村居民从事个体工商经营活动、开办企业，基于市场销售目的的规模或特色种养、加工等过程(罗明忠，2012)。

Shane & Venkataraman(2000)指出，创业机会是创业研究的中心问题。Landstrom & Johannisson(2001)把创业视为通过组织资源和合作者对识别出的机会进行开发。以此为基础，本书把农民创业界定为“农民在传统农区对识别出的创业机会进行开发”，最终结果体现为引进新产品(服务、原材料或技术)、扩大农业生产规模以及采用新的生产经营组织形式等。

1.2.4 农民创业决策

创业决策是指创业者面对创业机会时所作出的抉择(Qing Miao & Ling Liu，2010)，即已经发现创业机会的个体是否选择开发该机会(Shane，2003)。因此，本书的农民创业决策，是指传统农区的农民在识别创业机会后，是否选择开发该机会。

1.3 技术路线

本书首先对创业决策的研究文献以及农民创业决策的研究文献进行归纳整理和分析，对传统农区、创业机会、农民创业和农民创业决策等关键概念进行界定。然后基于个人—机会关系范式构建理论分析框架。接着根据此理论分析框架，利用实地调研数据，对传统农区农民创业决策行为进行实证研究，分析创业机会信念、创业者自我形象对其创业决策的影响机制。最后，总结全部研究结论，得出一些有益的启示。

具体研究路线如图 1-1 所示。

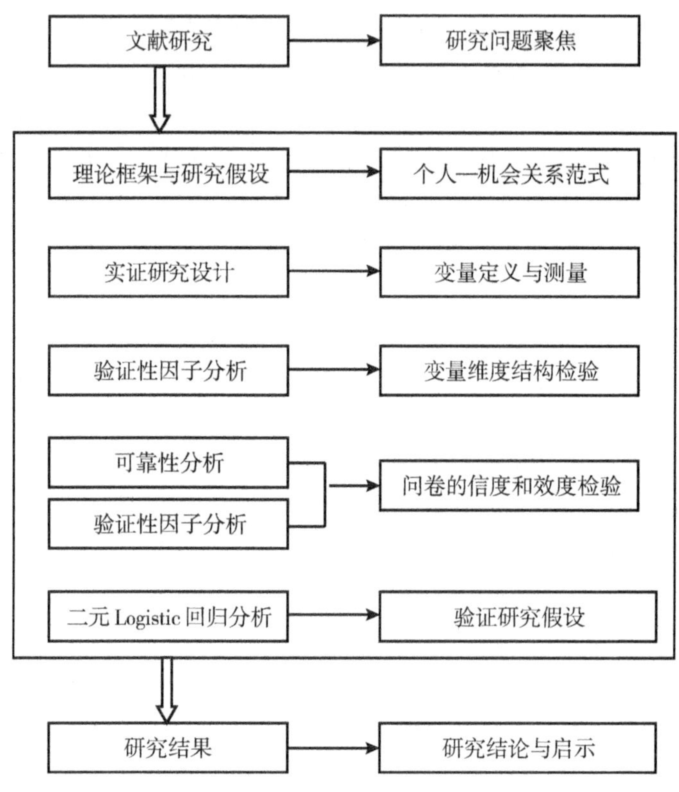

图 1-1　本研究技术路线图

1.4　结构安排

根据图 1-1 的技术路线，本书共分 7 章，其中第 1 章为绪论，第 2 章为文献综述，第 3 章为理论框架构建与研究假设的提出，第 4~6 章为实证研究，第 7 章是研究结论与启示。

第 1 章，绪论。本章主要介绍研究背景，提出研究问题，界定基本概念，说明研究思路、总体结构和研究中使用的主要方法，并阐述本书的创新之处。

第 2 章，文献综述。本章以创业决策的影响因素为主线，从创业者(特征与认知、人力资本、社会网络、风险感知)、创业机会和创业环境等不同视角进行了文献回顾与分析，并对农民创业决策的研究文献进行了系统的梳理和分析，从而为本书理论框架的构建奠定了良好的基础。

第 3 章，理论分析框架与研究假设。本章从创业机会这一新的视角出发，采用个人—机会关系研究范式构建了理论框架，并结合农民创业情境，提出相应的研究假设。该理论框架是从新的研究视角对我国传统农区农民创业决策机制的初步探索，也是后续实证研究的总体框架。

第 4 章，实证研究设计与测量。本章对研究框架中确定的研究变量进行定义和测量，对调查问卷的形成过程和正式数据的搜集过程进行简要介绍，对正式调查数据进行描述性统计分析和验证性因子分析，测量问卷的信度和效度。

第 5 章，创业机会信念与农民创业决策。本章对正式调查数据进行二元 Logistic 回归分析，探索创业机会信念对农民创业决策的影响机制，从理论上回答了“在识别创业机会后，为什么有些农民选择开发创业机会而其他人没有”这个问题。

第 6 章，创业机会信念、创业者自我形象与农民创业决策。本章对正式调查数据进行二元 Logistic Moderated 回归分析，检验创业者自我形象对创业机会信念与农民创业决策间关系的调节作用，揭示创业机会信念与农民创业决策的关系在不同条件下的变化及其背后的原因。

第 7 章，研究结论与启示。本章总结主要研究结论，并据此提出相应的政策启示，最后讨论本书的不足之处。

1.5 研究方法

本书坚持理论联系实际的基本原则，综合采用多种研究方法和手段，解决所提出的研究问题，具体研究方法如下：

(1)文献研究法

对农民创业决策的感性认识促使笔者开始搜集有关农民创业决策的国内外研究文献，但搜集、整理后发现，相对于丰富的创业研究成果而言，关于农民创业决策的研究成果数量有限。这种研究现状一方面表明农民创业决策研究值得深入发掘，另一方面表明仅仅依靠这些研究文献不足以对创业决策有完整而深刻的认识。因此，笔者又进一步扩大搜索范围，使用的关键词包括 entrepreneurial decision making，venture creation decision，new venture decision，entrepreneurs' decisions to exploit opportunities，start-up decision，self-employment choice decision 等。系统的阅读与梳理，让笔者对创业决策的研究现状有了较为全面的把握，为农民创业决策的研究找到了新的视角和切入点，并以此为基础，结合现实中对农民创业决策的逐步深入的了解，构建了理论研究框架，提出了研究假设，为后续实证研究的开展提供了坚实的基础。

(2)实地调查法

本书的选题源于笔者对农民创业现象的观察与思考。农民创业对农村地区的经济发展意义重大，但我国农民创业的活力整体不足，并且区域间创业水平差别很大。在创业活跃的农村地区，产业集群和专业村(乡、镇)的发展势头迅猛，但在创业不活跃的地区，创业率极低，甚至无人问津。笔者对这种差异性的原因产生了浓厚的研究兴趣，对不同地区的农民创业者进行了访谈，以此了解他们选择创业的原因及影响因素。实地调研让笔者对农民创业决策行为的认识逐渐加深，结合文献研究，最终形成了研究框架、研究假设和调查问卷。

除了前期访谈外，本书还采用了问卷调查法。这是因为问卷调查法具有突破时空限制、在广阔范围内对众多调查对象同时进行调查的优点，也便于对调查结果进行定量研究(水延凯等，2010)。本书的问卷调查在湖北省内进行，湖北省是劳动力输出大省，常年外出务工人员总数约 1000 万，占农村劳动力的 40%左右。近年来，湖北省把承接产业转移作为扩大开放的重要内容，伴随着产业转移，农民工返乡创业就业日益增多，繁荣了地方经济，带动了农民增收，加快了城镇化的进程。但是，农民创业者所占比重仍然较低，因此，需要进一步激发农民创业的积极性。问卷调查分以下几个阶段展开。

预调查：预调查是2016年3月在湖北省黄冈市英山县温泉镇进行的，20位农民创业者参加了问卷调查。

完善问卷：通过对预调查数据进行分析，进一步完善问卷，最终形成合理的正式问卷。

全面调查：全面调查于2016年3月至5月展开，调查对象包括农村的非创业者和创业者。根据研究目的和概念界定，非创业者限定为曾经识别过创业机会但未实施创业行为的农民；创业者包括在农村从事规模化农业生产经营的专业大户、家庭农场、农民专业合作社、龙头企业和经营性农业服务组织等新型农业经营主体（或领办人）以及从事非农经营的各类企业创办者。

由于创业者分布的范围广阔且分散，便利抽样在创业研究中十分普遍。本书的全面调查也采用便利抽样法，具体的调查方式为：第一，对农村非创业者进行在线调查。组织武汉纺织大学管理学院来自湖北农村地区的学生，通过他们的社会网络，寻找曾经发现过创业机会但并未实施创业行为的亲朋好友，让他们进行网络问卷的填写与收回。第二，对农村创业者进行面对面调查。利用湖北省黄冈市英山县劳动就业管理局主办农民创业培训班的机会，对参加培训的农村创业者发放纸质调查问卷，现场填写后直接收回。

为了保证调查质量，在调查开始之前对参与调查的全部调查对象进行了详细的讲解，向他们具体介绍了调查目的、调查对象、问卷内容及注意事项，并就相关问题进行了交流，使他们能够基本理解调研要求与内容。

(3)统计分析法

统计分析法是指通过对研究对象的规模、速度、范围、程度等数量关系的分析研究，认识和揭示事物间的相互关系、变化规律和发展趋势，借以达到对事物的正确解释和预测的一种研究方法。本书利用统计应用软件 SPSS 19.0 和 AMOS21.0 对调查数据进行了多种统计分析。首先，通过验证性因子分析验证各变量维度结构是否符合研究设想；其次，通过可靠性分析和验证性因子分析对问卷进行信度和效度检验；最后，通过二元 Logisitc 回归分析考察创业机会信念、创业者自我形象与农民创业决策间的关系，验证研究假设，解答研究问题。

1.6 本书的创新

本书在广泛吸收借鉴国内外相关理论和研究成果的基础上，基于我国传统农区的经济社会特征，采用实证研究方法，在理论上揭示我国传统农区农民创业决策的内在机制，在实践上探讨相应的创业激励政策。本书的创新之处主要体现在以下三个方面：

第一，基于个人—机会关系研究范式构建了一个用于分析农民创业决策的理论框架，并通过实证研究进行了验证。相对于丰富的创业研究而言，关于农民创业决策的研究成果数量有限，特别是从创业机会视角的研究几乎没有，而创业是创业者和创业机会相互作用的动态过程，如果想完整地理解创业过程，就不能把两者割裂开来。因此，本书提出的理论框架为农民创业决策研究提供了新的视角，对推进该领域的研究具有一定的理论贡献。

第二，探索并验证了农民创业机会信念的结构维度及对创业决策的影响。当创业机会被识别后，农民在作出创业决策之前，会对该创业机会进行评估，通过评估形成一个信念，该信念被称为创业机会信念。本书根据农民创业实际，对农民创业机会信念的结构维度进行了细分与测量，得出了创业机会合意性信念和可行性信念均对创业决策产生正向影响的研究结论。该研究结论对于创业扶持政策的制定具有一定的指导意义。

第三，引入农民创业者自我形象作为调节变量，探索并验证农民创业者自我形象的结构维度及对其创业机会信念与创业决策间关系的调节作用。该变量体现了个体特征与机会特征的匹配程度对创业决策的影响，从而对创业者在识别创业机会后没有选择开发机会的决策行为进行了更为深入的解释。

2 文献综述

本章以创业决策的影响因素为主线，从创业者、创业机会和创业环境等视角进行文献回顾与分析，并对农民创业决策的研究文献进行系统的梳理和分析，为后续理论框架的构建和实证研究的开展提供了研究基础和经验。

2.1 创业决策的影响因素

“为什么在相同的条件下，一些人选择创业，而一些人则没有?”是创业研究长期讨论的基本问题之一。对此，学者们从创业者、创业机会和创业环境等多个视角展开了研究。

2.1.1 创业者特征与认知

早期的研究希望通过创业者人口统计学特征(demographic differences)和个性特征(entrepreneurial personality)来区分创业者和非创业者。研究中涉及的这两大类特征主要包括：年龄(Lachman，1980)、婚姻状况(DeCarlo & Lyons，1979)、成就需要(Komives，1972)、控制源(Liles，1974；Brockhausand，1979；Hull et al.，1986)、风险承担倾向(Palmer，1971；Brockhaus，1980)、价值观(DeCarlo & Lyons，1979)等。遗憾的是，从这一视角进行的研究由于其研究结论的模棱两可而未获得成功(Gartner，1990)，基于创业者个体层面的研究在20世纪80年代中期和90年代中期基本停滞不前(Mitchell et al.，2007)，有学者认为基于创业者的人口统计学特征和个性特征来回答“创业者是谁”是错误的(Gartner，1988)。

尽管如此，但并不意味着创业研究中就应该忽略创业者。如果对创业过程的理解不考虑创业者这一促使整个过程得以发生的关键要素，就“像烘烤面包时没有酵母”(Baron，2004)。创业始于特定的人的行动，相应地，理解这些人是如何行动的以及为什么这样行动对于理解整个创业过程至关重要(Shane，2003)。

20世纪90年代中期前后，认知科学的引入为创业研究提供了具有洞察力的分析工具，可以让研究者理解创业者的思考方式和行为的内在原因(Bird，1992；Busenitz & Lau，1996；Mitchell et al.，2002)。认知视角的核心观点是，创业者的行为是其认知的结果，决定成为创业者的决策受其认知过程的强有力的驱动而不是个性特征的影响(Baron，2004；Busentiz & Lau，1996)。创业认知最早涉及的领域包括决策中使用的启发式思考(heuristics)和认知偏差(cognitive biases)、合意性感知(desirability perception)和可行性感知(feasibility perception)、计划行为和自我效能(Krueger，1993；Krueger & Carsrud，1993；Krueger & Dickson，1994)。创业认知相关构念也开始用于区分创业者和非创业者(Busenitz & Lau，1996)。

启发式思考和认知偏差被称为"简化策略"(simplifying strategies)，当处于高度不确定和复杂的环境时，偏好使用启发式思考的个体更可能成为创业者，而其他人会因为对创业任务不堪重负而选择成为就业者(Busenitz & Lau，1996；Busenitz & Barney，1997)。启发式思考是一个特定的非正式的"经验法则"(rules of thumb)或"直觉指导"(intuitive guidelines)，减少了关键信息的数量，在缺少时间、信息或信息处理能力时，可以找到快速的、通常可接受的问题解决方式，并和创新具有相关性(Busenitz & Barney，1997)。认知偏差源于特定的启发式思考，通常被视为主观的或预先倾向的观点。在创业决策阶段，乐观偏差(optimistic bias)、过度自信(overconfidence)、控制错觉(the illusion of control)、相信小数定律(belief in the law of small numbers)等认知偏差会让创业者低估创业风险，认为他们成功的可能性要大大高于一般水平。因此，和非创业者相比，创业者并没有高风险倾向，只是他们身上存在的认知偏差让他们的风险感知小于实际的风险程度和其他人的感知，由此他们更可能选择成为创业者(Shepperd et al.，1996；Simon et al.，2000；Baron，2004；Robinson & Marino，2015)。

之后，学者们开始思考创业认知机制，Busenitz & Lau(1996)

构建了一个跨文化的创业认知机制模型，指出社会背景(社会流动性、社会网络、生态区位、市场条件)、文化价值观(个人主义、不确定性避免、权力距离、时间导向)和个人变量(风险承担、控制源、成就动机)通过影响认知结构和认知过程进而影响创业意愿和创业决策。Mitchell et al. (2000)用该模型进行了跨文化的实证研究，结果表明：创业认知结构的三个维度——安排脚本(arrangement script)、意愿脚本(willingness script)和行为脚本(activity script)——均会正向影响创业决策。文化价值观中的个人主义和权力距离通过与安排脚本的交互作用与意愿脚本、能力脚本以及创业决策呈正相关。

情感(affect)会影响认知，持有积极情感的人倾向于更积极地评价事物和他人(Garcia et al., 2004)，更富有创造力(Estrada et al., 1997)，更容易使用启发式思考(Mackie & Worth, 1989; Park & Banaji, 2000; Wegner & Petty, 1994)，从而提高创业者的机会识别能力、获取关键资源的说服能力、对高度动态环境快速反应和有效应对的能力。因此，情感对新企业的成功创建具有显著影响(Shane, 2003)。

创业是意向性行为，受创业意愿的直接影响。创业需要周密的计划和深思熟虑的思考，这些都是高度有意识的行为，因此Ajzen(1991)的计划行为理论(Theory of Planned Behavior, TPB)在创业意愿的研究中得到了广泛的使用。在TPB模型中有三个决定意愿的变量：态度、主观规范和感知行为控制。态度是指对实施行动的赞同或不赞同的评价；主观规范是感知到实施或不实施行为的社会压力；感知行为控制是指感知到的行为实施的难易程度。感知行为控制的概念与自我效能(self efficiency)相似，自我效能与成为创业者的可能性之间存在显著的正相关性，自我效能能够促进真正的创业者产生(Chen et al., 1998)。因此，当某个人对创业持积极的评价，且认为具备实施创业的能力时，更可能选择创办新企业(Kolvereid, 1996; Krueger et al., 2000)。

创业者在考虑创办新企业时通常寻求效用的最大化(Douglas &

Shepherd，2000）。因此，创业的预期收益也会影响创业决策。期望理论（expectancy theory）为这一视角的分析提供了理论基础。期望是行为结果的主观概率，当个人感知一个行为带来合意性结果（如高经济或非经济收益）的概率较高时，他选择该行为的可能性也相应较高（Holland & Oregon，2015）。所以，潜在的创业者会考虑创业的预期收益和成功的概率，如果创业能够提供更高的租金，他会选择创业而不是到劳动力市场上就业（Campbell，1992）。相应地，降低创业者的机会成本会促进创业行为的发生（Amit et al.，1995）。另外，一些非经济因素，如自我实现、自主性、工作弹性和没有层级等在自我雇佣决策中也具有重要的作用（Blanchflower，2000）。

2.1.2 创业者人力资本

人力资本理论指出，具有更多或更高质量人力资本的个体在完成相关任务时会获得更高的绩效（Becker，1975）。因此，如果盈利的机会存在，具有更多或更高质量人力资本的个体能更好地识别出机会，且有更强的能力去成功开发机会（Davidsson & Honig，2003）。

创业情境下的人力资本是指成功创建新企业所需的知识和技能（Davidsson & Honig，2003；Snell & Dean，1992），包括通用性人力资本和专用性人力资本。通用性人力资本主要通过正式教育获得，包括知识、技能和问题解决能力，可以转移到多种不同的情景中去（Rauch & Frese，2000）。专用性人力资本主要通过工作实践及非正式教育获得，表现为劳动力市场经验、管理经验、特定的职业经验以及创业经验（Davidsson & Honig，2003；Carter et al.，1997；Florin et al.，2003；Stuart & Abetti，1990）。

众多学者的研究表明，创业决策与创业者人力资本之间存在着不可分割的联系。正式教育对于成为创业者的可能性通常具有非线性的影响（Honig，1998；Gimeno et al.，1997；Reynolds，1997）。对于女性创业者来说，教育显得特别重要（Bates，1995），但对于男性创业者来说，教育的回报以行业和受教育水平为条件(Bates，1995；Honig，1998)。工作实践中得到的各类经验同创业行为呈显著正相关(Bates，1995；Gimeno et al.，1997；Robinson & Sexton，1994)，而之前有过创业经验的个体更可能再次成为自我雇佣者(Evans & Leighton，1989)。

2.1.3 创业者社会网络

任何人都处于一定的社会网络中，不可能在真空中作出创建企业的决策(Aldrich & Cliff，2003)。因此，社会网络是创业者获取各类资源的重要渠道(Johannisson，1988；Kellermanns et al.，2016)。

社会网络由行动者(个人和组织)和相互间的关系构成(Hoang & Antoncic，2003)。网络关系按照互动频率、感情力量、亲密程度和互惠交换四个维度，可以分为强关系和弱关系(Granovetter，1973)。朱秀梅和费宇鹏(2010)的研究表明，网络规模、关系强度和关系信任会影响创业者的资源获取。因此，创业者会尽力扩展他们的关系网络以获取更多的资源(Guo & Miller，2010)。

信息和知识这类无形资源以及那些难以编码、知识密集型的技能对创业者非常重要，如果从其他渠道获取信息和知识则成本巨大，而嵌入商业网络的信任为创业者提供了获取此类高价值资源的机会(Lorenzoni & Lipparini，1999；Uzzi，1996；Hoang & Antoncic，2003)。边燕杰(2006)的研究表明，创建企业需要的商业情报、创业资金、首份订单三项资源均来自创业者的社会网络。一般来讲，创业者获得的隐性知识主要来自强关系，显性知识来自弱关系(Byosiere et al.，2010)。

雇佣朋友、熟人或通过他们的推荐招聘员工是创业早期常见的做法。一是因为高度信任，这些新员工可以被快速的提拔到中高层职位，履行更多的职责；二是因为通过网络关系招聘的员工，通常离职率较低，可以帮助创业者渡过不稳定的初期阶段(Hsu et al.，2015)。

创业者还会加入一些行业协会和劳动联合会，这些社群关系让创业者获得专业技能、管理知识、运营经验和其他有用的信息(Chen et al., 2015)。

与政府和管理部门建立的关系网络可以让创业者获取关于新制度和政策变化的最新信息，让他们经营起来更得心应手(Chen et al., 2015)。

家庭关系是创业者最稳定的网络关系。Scherer et al. (1989)研究发现，当父母为创业者时，孩子们的创业偏好也会增强，即使孩子们观察到父母的创业绩效并不太理想时，仍然对创业显示出强烈偏好。这或许是因为孩子们认为他们能够从父母的经验教训中获益，避免再犯类似的错误。Schiller & Crewson (1997)的研究表明，具有管理经验的母亲显著影响女儿的自我雇佣决策。此外，父母的财富作为启动资金——对自我雇佣决策有正向影响(Dunn & Holtz-Eakin, 2000)。因此，家庭可视为创业的孵化器或推动力量(Aldrich & Cliff, 2003)，家庭中有创业者的个体更可能成为创业者(Morrisson, 2000; Kirkwood, 2012)。原因在于：一是父母为孩子树立了创业榜样(Simone et al., 2012)；二是家庭的规则、态度和价值观会对孩子日后的创业决策产生影响(Aldrich & Cliff, 2003)；三是家庭会为创业者提供必要的财力、人力、社会资源(Aldrich & Cliff, 2003)和情感支持(Jenssen, 2001)。

2.1.4 创业者风险感知

对于创业者来说，风险是各类决策包括创业决策的中心问题(Dickson, 1992)。在面临新企业的高失败率和变化多端的市场环境下，创业者必须能够正确理解风险以提高决策质量(Forlani & Mullins, 2000)。

对于风险的定义有不同的视角，经济学文献主要从未来结果的不确定性来定义风险，认为经济产出的可变性越大则风险越大，可变性是指实际回报或成果偏离预期回报或成果的可能性。因此，从这个视角来看，风险就是预期回报水平不能被实现的可能性

(Armour & Teece, 1978; Fisher & Hall, 1969; Bowman, 1980)。但是，对于绝大多数创业者(包括管理者)来说，他们并不把风险视为结果的不确定性，而是关心可能的潜在损失(March & Shapira, 1987)。

风险感知是决策者对特定情形下的内在风险的评估(Sitkin & Pablo, 1992)。Forlani & Mullins(2000)的研究表明，新企业预期回报的可变性越大，创业者感知到的风险越大；新企业的潜在损失越大，创业者感知到的风险越大；当创业者感知的风险越大时，他创办新企业的可能性越小。Simon et al.(2000)、Davidsson & Honig(2003)、马昆姝(2010)等学者也得出了相同的研究结论。Mullins & Forlani(2005)把预期回报的可变性定义为损失的可能性，把潜在损失定义为可能的损失数量，他们研究发现，对于绝大多数创业者来说，他们更愿意选择损失可能性较小的机会进行创业。

2.1.5 创业机会

创业是不受限于当前资源的机会追逐过程(Stevenson & Jarillo, 1990)。创业机会是创业研究的中心问题，创业过程是围绕机会的识别、评估和开发的一系列过程(Shane & Venkataraman, 2000)。机会观点为创业研究构建了一个全新的研究框架(朱仁宏、陈灿, 2005)。

创业机会对创业决策的影响主要体现在创业机会的合意性(desirability)、可行性(feasibility)、机会形象(image of opportunity)、机会信心(opportunity confidence)和感知价值(perceived value)等几个方面。

创业机会的合意性是指机会的感知效价(perceived valence)或吸引力，例如，潜在利润较高的机会被视为合意性较高；可行性是指机会的感知可实施性(practicability)或难度，例如，处于强竞争市场环境中的机会的可行性低于处于弱竞争环境中的机会(Tumasjan et al., 2013)。

合意性和可行性最早出现在Shapero(1982)的创业事件模型中(model of the entrepreneurial event),被用于对创业意愿进行研究。该模型指出,决定创业要求具备两个条件:一是创业者产生了创业意愿,认为创办新企业是可信的,可信要求具备合意性、可行性和行动倾向;二是创业意愿产生后,需要一些诱发或置换事件的出现。因为惯性会引导人们的行为,直至一些事件干扰或"置换"惯性。置换事件通常是负面的,例如失业或离婚,但也会是积极的,如继承遗产或中彩票。随后,Krueger(1993),Krueger & Brazeal(1994),Krueger et al.(2000),Fitzsimmons & Douglas(2011)等学者分别对创业事件模型进行了实证检验,对合意性和可行性的关系进行了拓展性研究。

近年来,合意性和可行性作为创业机会的特征在创业决策(意愿)和创业机会评估的研究中得到了创新性运用。Mitchell & Shepherd(2010)把机会的合意性(用潜在价值表示)、可行性(用知识相关性表示)和环境因素(用机会窗和潜在机会数量表示)结合起来,提出机会形象这一构念。他们用实验设计了不同的机会情景,让参与者(来自技术企业)在各种机会情景下,对自己投资该机会的可能性进行评价(九级量表)。研究结果表明:机会的合意性和可行性在创业决策中具有重要的且同等重要的作用,创业者偏爱那些具有较高潜在价值且与自己现有知识相关的机会;机会窗和潜在机会的数量在创业决策中的作用则相对较弱。Tumasjan et al.(2013)研究发现,创业机会合意性和可行性对机会开发意愿的影响受机会开发间隔时间的调节。当机会识别与机会开发间隔的时间较长时,创业者对合意性的考虑多于可行性。但当机会识别与机会开发间隔的时间较短时,情况正好相反,创业者则更多地考虑可行性。

Dimov(2010)提出了机会信心这一构念,包括机会可行性和创业自我效能两个维度。他指出,新企业的出现是一个渐进的、反复的过程,在这个过程中,潜在的创业者会持续地评估机会的前景,创业者最终是开发机会还是放弃机会取决于他们对机会的可行性和可操作性是否有足够的信心。采用有序 logit 模型对 PSED(Panel Study of Entrepreneurial Dynamics)数据进行分析的结果表明：机会信心对新企业的创建存在显著正向影响。通过机会信心，创业经验和前期计划行为间接地影响新企业的创建。

Lingfei Wu & Jun Li(2011)借鉴市场营销中广泛使用的价值感知概念，提出了创业感知价值这一构念，从新的视角对创业意愿的形成进行了解释。在市场营销相关文献中，感知价值被证明是购买决策的一个重要预测变量(Jen & Hu，2003；Patterson & Spreng，1997)。两位学者指出，创业决策和购买决策在本质上是相似的，从而感知价值为创业决策研究提供了一个重要的富有洞察力的视角。鉴于顾客对商品/服务的总体评价是基于得到和付出两个维度，创业感知价值也应该包括创业感知收益(perceived benefits of entrepreneurship)和创业感知投入(perceived sacrifices of entrepreneurship)两个方面。创业感知收益细分为经济价值(emotional value)、社会价值(economic value)、知识价值(social value)、自我实现价值(epistemic value)；创业感知投入细分为经济投入(monetary sacrifice)和非经济投入(non-monetary sacrifice)。他们采用自答式问卷调查方法，以大学生为调查对象，在上海市、浙江省和湖北省进行了数据搜集，使用结构方程模型(Structural Equation Modeling，SEM)对数据进行分析，结果表明：创业感知收益对创业感知价值有显著正向影响，创业感知投入中的非经济投入对创业感知价值有显著负向影响，创业意愿是感知收益和感知投入的认知权衡。

2.1.6 创业环境

创业者不是独立自治的决策制定者，而是特定的宏微观环境中的行为人。因此，创业者的决策会受到环境因素的影响(Román et al.，2013)。

宏观经济变量，例如失业率或经济状况同自我雇佣的关系是一个长期处于争论中的问题，理论上一直没有形成统一的认识

(Thurik et al., 2008),存在着两个结论相反的假说。

衰退推动假说(recession-push hypothesis)认为,失业降低了获得就业的机会,因此会"推动"人们选择自我雇佣,也就是说自我雇佣和失业之间存在正向关系(Congregado et al., 2012)。一些实证研究支持了该假说。Blanchflower & Meyer(1994)的研究表明,当经济状况恶化时,创办新企业的机会成本降低了,从而会增加创业率。Buchmann et al. (2009)的研究指出,当失业率较高时,人们会预期寻找工作无望,这也许会导致转向自我雇佣,因为此时自我雇佣被视为唯一的就业选择。Ghatak et al. (2007)指出,自我雇佣率会随着失业率水平的增加而上升,因为职业空缺较少会推动一些人,主要是能力低的失业者把自我雇佣作为最后的就业手段,此时会降低整体创业者的平均质量。基于个体职业选择的研究也表明,失业率和随后的自我雇佣选择具有联系(Alba-Ramirez, 1994; Cowling & Mitchell, 1997; Evans & Leighton, 1990; Johnson, 1981),从失业到自我雇佣确实存在着衰退推动效应(Van Stel et al., 2012)。总之,衰退推动假说表明经济状况和自我雇佣率的关系是反周期(counter-cyclical)的(Román et al., 2013)。

繁荣拉动假说(prosperity-pull hypothesis)则对两者的关系作出了相反的解释。在高失业率时,企业面临着较低的市场需求,这会降低自我雇佣收入以及资本获得的可能性,破产的风险也会增加。此时,个体会被"拉动"离开自我雇佣。同时,自我雇佣的风险也会加大,因为如果企业失败,自我雇佣者在劳动力市场上找到工作的可能性较小。因此,在自我雇佣和失业率之间存在着负向的关系(Congregado et al., 2012)。一些实证研究支持了该假说。Dawson et al. (2009)的研究指出,在经济繁荣时,商业前景更好,盈利机会更多,此时,个体更可能开创新企业。Rampini(2004)的研究表明,当经济状况较好时,创业的生产率和财富均会增加,此时个体更愿意承担风险成为创业者。另外,在好的经济形势下,市场需求富有活力,个人财富水平较高,投资人因为预期收益好,更愿意进行风险性投资,从银行贷款或者向亲朋好友借款以筹集创业资金也变得相对容易，即使创业失败，重新寻找工作也相对容易，这一切都会增加个体成为自我雇佣者的可能性(Buchmann et al.，2009；Hurst & Lusardi，2004；Johansson，2000)。基于个体职业选择的研究也表明，在经济形势较好的时期，个体成为创业者的比例也更高(Audretsch & Acs，1994；Carrasco，1999；Grant，1996)。总之，繁荣拉动假说表明，当整体经济形势乐观时，自我雇佣会增加，经济状况和自我雇佣之间存在顺周期(pro-cyclical)关系(Román et al.，2013)。

冗余的行政管理制度会降低创业率。当创业者认为他们面临太多的规章制度、创业中涉及的手续过于复杂时，创业行为就会减少(Grilo & Thurik，2005；Begley et al.，2005)。欧盟委员会的调查报告(European Commission，2012)显示，四分之三的欧洲创业者认为复杂的行政管理让他们觉得创建新企业太困难。因此，在欧洲，行政负担已成为创业的主要障碍。同样的，僵化的劳动力市场制度也会对创业行为产生负面影响(Stephen et al.，2009)。

缺乏创业资金是阻碍创业的另一个主要因素，这已在众多的实证研究中得到了证实(van Auken，1999；Taylor，1996；Hurst & Lusardi，2004；Kan & Tsai，2006)。因此，降低信贷市场门槛、提供低息贷款和财政支持的创业激励政策能够有效促进创业行为的发生(Gnyawali & Fogel，1994；van Gelderen et al.，2006)。

2.2 农民创业决策的影响因素

近年来，世界各国的农村均经历着农业政策改革和社会经济结构的变迁，尤其是经济欠发达地区亟须实现经济多元化和综合发展。因此，创业被视为能够实现农业经济调整以及实现可持续发展的重要举措而在许多国家被大力提倡。随着农民创业活动的兴起与发展，农民创业问题也得到了学者们的关注。就农民创业决策这一课题，学者们从创业者人力资本、社会网络、社会嵌入和社会环境等视角展开了研究。

2.2.1 创业者人力资本

创业者人力资本是指作为一个创业者需要具备的知识和技能，决定了创业者识别创业机会和开发创业机会的能力和效率。

创业者人力资本的积累包括正式过程和非正式过程，正式过程包括教育和培训，非正式过程包括在工作中和管理中得到的经验、在创业者家庭环境中成长的经历，这两种途径均对创业成功具有重要的作用。Skuras et al.(2005)分别在希腊、意大利、葡萄牙和西班牙各选取了一个欠发达山区进行案例研究，研究发现：葡萄牙的成功创业者并未接受过良好教育，也没有接受过培训，其人力资本主要通过工作经验积累。但在希腊、意大利和西班牙，情况却截然相反，教育和培训对创业者的成功非常重要。

在挪威，随着农业政策的改革，社会、政治和经济状况的变迁以及全球市场的发展，很多农民通过兼业和农业经营多元化来保证收入。农村旅游业是农业经营多元化形式之一，Haugen & Vik(2008)通过案例研究发现，经营农村旅游业的创业者和非创业者相比，在教育水平上存在显著差别，大约三分之一的农村旅游业创业者具有较高的受教育程度，而非创业者的这一比例则为五分之一。另外，农村旅游业创业者中的大部分接受过农业教育，这让他们对农业经营具有强烈的职业认同感，为在农村创业打下了基础。

Kaushik et al.(2006)对印度拉贾斯坦邦的一个女子学院进行了案例研究，再次证实教育能够促进农村欠发达地区的创业。

朱明芬(2010)的研究表明，农民接受学校正规教育的时间越长，创业的可能性越大。而且平均接受学校正规教育年限每增加1年，农民创业发生比将增加37.1%。

韦吉飞(2008)研究发现，职业培训对农民创业的影响较为显著，这可能是由于大多数农民缺乏专业的实用职业培训，而接受过实用性、技术性较强的职业培训的农民，相对其他农民而言更具创业优势，职业培训容易与生产实践相融合，对创业活动有较强的推动作用。

2.2.2　创业者社会网络

网络可以为农村发展提供一个新的范式。从地理的视角，农村的网络可以分为水平网络(horizontal networks)和垂直网络(vertical networks)。水平网络反映地区内行为主体间的联系，包括当地的市场销售渠道、知识流动、基于地方的促销计划以及当地生产者、消费者和管理机制间的基于信任的关系；垂直网络反映地区间行为主体间的联系，包括外部市场销售渠道以及外部的购买者、加工者和公共机构等(Murdoch, 2000; Kneafsey et al., 2001)。Kneafsey et al.(2001)对西威尔士农村的四个产业部门进行了案例研究，发现传统的产业部门往往拘泥于垂直网络，而新兴的产业部门通常会寻求垂直网络和水平网络的结合。

在欠发达国家的农村地区，网络对于小规模创业者来说非常重要。Bhagavatula et al.(2010)对印度安得拉邦手工纺织业的研究发现，创业者的社会网络中包含结构洞的数量越多，他识别出的机会数量也会越多。当机会识别后，强关系在机会开发阶段中将起到非常关键的作用，因为强关系数量越多，创业获取的资源也会越多。Zontanos & Anderson(2004)在希腊南部对农村环境中的网络化行为进行了案例研究，结果表明：创业者会通过网络化行为发展他们在社会网络中的地位，通过构建个人网络和商业网络来促进企业的发展。

社会资本对农民创业有着直接且重要的影响。通过作用于创业资源的获取以及示范导向作用降低农民创业者的风险，进而促使农民创业动机的产生，选择创业行业和地点来实施创业行为(罗明忠、邹佳瑜，2012)。

2.2.3　社会嵌入

蒋剑勇(2014)指出，农民创业嵌入一定的社会情境中后，要受到文化嵌入、网络嵌入和认知嵌入的影响。

文化嵌入是指农民创业活动会受到农村社区集体共享的价值

观、社会规范的影响；网络嵌入是指农民创业受到其个人关系网络和农村地区的总体社会网络的影响；认知嵌入是指个体创业会受到自身的知识、技能和经验等的限制。

实证研究结果表明，创业榜样和网络支持影响潜在农民创业者的创业决策。与创业榜样的相似性激发了潜在农民创业者的行为模仿，通过观察学习以及创业榜样的指导、建议，潜在的农民创业者获得了创业所需的知识、技能，提高了他们的创业信心，使其更有可能实施创业活动。社会网络能够给创业者提供所需的创业资源和情感支持，强的网络支持提高他们对于创业成功可能性的判断，使其更有可能作出创业的选择。管理工作经历和行业工作经历影响潜在农民创业者的创业决策。管理工作经历和行业工作经历能够使潜在的农民创业者获取与创业相关的知识和信息，提高他们的组织、管理能力，并拓展了社会网络。因此，管理和行业工作经历增强了潜在创业者成功创业的信心，使其更有可能决定实施创建企业的活动。

2.2.4 创业环境

创业者在农村地区发挥着重要的作用，但是他们的作用发挥往往受限于农村地区的环境(Henderson, 2002)。农村的基础设施建设、商业网络、信息和通信技术水平反映了当地创业环境的优劣，这在一定程度上决定新创企业的竞争力和经济绩效(Fox & Porca, 2001)。完善的基础设施能够吸引新的企业进入，从而提供就业岗位，增加区域产出(Stathopoulou et al., 2004)。

一般来讲，那些规模较小且距离城市较远的农村地区，由于当地的市场需求有限，资源获取困难，很难形成规模经济，产品价格往往较高(Malecki, 1993)。而缺少基本的交通设施也让这些地区的商品运输以及和外界市场的联系显得困难。而那些作为地区经济中心的、规模较大且经济多元化的农村地区则基本不存在这个问题。还有一些农村地区因靠近大城市，也具有更易获得服务和较大市场的优势。在 20 世纪 90 年代，靠近大城市的农村地区的创业者的增长率为3.4%，这一比例在靠近小城市的农村地区为2.9%，在远离城市的农村地区为2.8%(Henderson，2002)。

农村地区的资本市场往往是不完善的，较高的交易成本限制了农村创业者的资金获得(Markley，2001)。另外，那些希望接受更高质量的教育或专业培训的劳动力往往会流动到城市地区。因此，农村创业者通常面临着高素质劳动力供给不足的状况(Kalantaridis，2006)。

Vaillant & Lafuente(2007)进一步指出，和城市相比，农村地区的创业落后不仅在于交通、通信和信息技术等基础设施的不足，更重要在于其社会文化环境没有对创业行为产生激励。文化障碍、缺少积极的创业榜样和有限的网络是阻碍农村创业的主要因素(OECD，2003)。他们研究发现，在西班牙的加泰罗尼亚，农村地区的创业异常活跃，大部分乡村的经济表现甚至超过城市，这是因为该地区的创业榜样发挥了强大的带动作用。Eckert (1999)以喀麦隆的两个农村地区为例，对非洲的农村创业历史进行了研究，发现文化因素和经济因素决定了非洲农村创业的不同轨迹，尤其是文化因素对农村创业者的成功创业起到了决定性的作用。

农村所拥有的资源也为创业者提供了得天独厚的优势，例如利用农村地区的自然风光和乡土风情可以发展观光农业，对农产品可以进行再加工，这些都可以促进农村创业活动的开展(Alsos et al，2003；Kalantaridis & Bika，2006)。

创业政策会激励农村创业。North & Smallbone(2006)对德国、希腊、波兰、葡萄牙和英国等欧洲五国进行了案例研究，每个国家选取两个案例，希望通过这10个案例的研究找出农村创业政策的经验和教训。之所以选择这五个国家，是因为它们具有不同的经济发展水平，德国和英国代表北欧发达的经济，葡萄牙和希腊代表南欧欠发达的经济，波兰代表东欧新兴的市场经济，这样可以更全面客观地评价农村创业政策的效果。研究发现，这五个国家间的农业创业政策效果有显著差异，发达的北部国家的政策效果较好，因为它们有较长的公共干预历史和较丰富的经验，并且能和当地的需要和环境进行良好的匹配。而南方国家由于对当地创业文化的理解不足导致政策的效率不高。这表明政策制定者不能简单地基于其他国家的经验采取自上而下的政策。波兰作为一个正在经历社会经济变迁的国家，几乎没有任何鼓励农村创业的政策，但实际上该国对此类政策的需求一直在持续增加。Kader(2009)对马来西亚参加"一村一品"(ODOI)项目的创业者进行了结构性问卷调查，结果表明，ODOI创业者的成功是内外部因素综合作用的结果，但外部因素比内部因素更重要。在外部因素中，政府的推动是最关键的，因此，政府应该在农村地区加强技术和能力培训、改善农村商业环境、提供有效的市场支持服务，以提高农村地区的创业能力和水平。在孟加拉国，主要针对农村女性的小额信贷项目不仅帮助她们成为了创业者，而且提高了她们的社会经济地位(Ahmed，2009)。

2.3 基于中国情境的农民创业决策研究

20世纪90年代以来，在国家对"三农"问题高度关注、城市化进程中失地农民大量涌现以及农民工返乡创业的现实背景下，越来越多的学者开始关注中国农民的创业问题。学者们从不同视角对我国农民创业现象进行了理论探索与实证研究。关注的研究主题包括：

(1)农民创业的意义

促进农民创业具有重要意义，通过创业带动更多的人致富，有利于增加农民收入；通过创业带动更多的人就业，有利于减轻政府就业压力；通过创业促进农业产业结构的调整，有利于经济社会全面协调可持续发展(叶淑英，2008)。在完善社会主义市场经济体制的今天，若从政府职能的"应为"与"可为"出发，政府工作的重心不应放在农民具体如何增收上，也不该置农民于等待别人帮助增收上，而应进一步深化体制改革，将工作着力点放在强化农民自我创业增收的经济基础、信贷激活、外向发展和科技运用四项功能上(温锐，2004)。

(2)各地农民创业情况的调查分析

来自天津、江西、江苏等地的调查报告对创业者特征、创业项目选择、组织形式、创业规模等特征进行了详细描述。

在天津地区，农民创业基本呈现"二三一"产业格局，第二产业所占比重最大。创业人群以中青年为主，男性明显多于女性。家庭经营为主要形式，做大做强的企业较少，创业水平总体上落后于广东、江浙等地。总体来看，天津地区农民在创业增收方面虽然取得了一定的经验和效果，但在创业规模、创业质量、创业精神和创业氛围方面仍有待提高(吕波等，2009)；江西农民创业则立足于农业，以种养业作为创业的起点和重点，家庭经营仍然是主要形式，创业规模较小，农民创业素质和创业技能不高，创业资金制约农民创业(吴昌华等，2006)；对江苏洪泽和泰州农民创业者的实地调查结果表明：大多数创业农户的创业规模不大，启动资金主要来源于农民自己的储蓄。从创业农户对创业素质的自我评价来看，目前创业农民对自身的风险意识、竞争意识、战略眼光和创新精神等素质的评价较高，对意志力、自主自立、心理承受能力、进取心、自信心和应变能力等素质的自我评价也大多持肯定态度(赵西华、周曙东，2006)。

(3)农民创业的模式

吴昌华等(2008)根据创业的阶段性特点和生产要素配置情况，结合农民创业动机和农村发展实际，把农民创业模式分为自主开发型、专业合作组织引领型和"老板村官"带动型。自主开发型模式一般先模仿后创新，比较适合农村主导产业、农产品加工业和城市消费型服务业；专业合作组织引领型模式比较适合农村主导产业、农产品加工业和农产品物流业；而"老板村官"带动型则要求"老板村官"具有较高的政治素养和服务意识，热衷于公益事业。

危旭芳(2012)指出，资源禀赋与特性既是农民创业的前置变量，也是决定农民创业模式选择的关键因素。根据资源要素与农民创业之间存在的互动性，农民创业模式可分为资源拼凑型创业、人力资本积累型创业、特色资源开发型创业和外部资源嵌入型创业四种类型。

张鑫等(2015)根据行业资金壁垒和投资回报率的大小，把农民创业模式分为农业小规模扩大化生产、农业大规模扩大化生产、农林加工业、社会服务业、餐饮住宿业、批发零售业、交通运输业、休闲娱乐业和工业制品业等九种模式，并且发现社会资本可以破解“财产水平低、融资规模小、创业模式单一”的发展陷阱，丰富农民创业模式的选择。

(4)农民创业的区域差异性

农民创业的发展进程和地区资源状况、经济发展状况有着密切的关系，地区资源状况、地区发展状况的差异导致了地区之间农民创业的差异。在创业资源丰度较高的地区，农民工回乡创业的积极性和创业行动明显要高于创业资源丰度较低的地区(黄振荣、郑英隆，2009)。我国东部和西部农民创业也具有明显的差异性，西部农民创业主要围绕农业这个产业进行、以种养加为起点和重点、以家庭经营为主要形式，在非农产业方面和东部相比还有很大的差距(刘军等，2004)。

(5)农村非农活动、农民创业与农村经济结构耦合与变迁关系

改革开放以来，农村非农活动与农民创业成为推动农村经济变迁的重要力量，对农村二、三产业的发展有持久的拉动效应。但是，相对于农村非农经济发展而言，农村的创业型农民长期短缺，创业型农民远不能满足非农产业发展要求。农村非农活动与农民创业在推动农村经济发展变迁过程中，遇到诸如资源环境、政府行政体制等种种困难，如何把握农村非农活动及农民创业的发展方向，进一步推动农村非农产业发展，是新农村建设中新一轮改革所必须面对的问题(韦吉飞、李录堂，2009)。

(6)农民创业、分工演进及交易效率的关系

农民创业推动农村经济的发展，也为农村劳动力的分工分业奠定了基础。由农民创业及农村非农活动推动而出现的农村劳动力分工分业对农村经济增长贡献率为 20 %左右(韦吉飞、李录堂，2010)。农民创业是农村劳动力沿着农作物产品的横向优化，以及

沿着种养加、农工商产业链的纵向优化。专业化分工造成的产品间收益差异是诱导农民创业的基础。随着交易效率的提高，分工演进表现为农民创业的深度和宽度，说明交易效率的提高长期促进农民创业的发生。要想提高农民创业的发生率和成活率，必须促进分工，提高交易效率，减少交易费用(薛继亮、李录堂，2009)。

(7)农民工返乡创业的相关研究

近年来，农民工回乡创业步伐加快，农村劳动力呈现双向流动的新趋势(韩俊、崔传义，2008)。农民工回乡创业是外出劳动力对输出地和输入地投资成本和效益比较后的一种理性选择(赵曼等，2008)。绝大多数回乡创业者是在个人、家庭以及宏观经济等因素的综合影响下选择回乡创业(刘光明、宋洪远，2002；胡俊波，2009)。较高的创业预期是农民工选择回乡创业的动机，利用本地资源条件是回乡农民创业的基础，创业环境是决定农民工回乡创业的关键(林斐，2004)。

农民工回乡创业有利于提高资源利用效率，激发区域经济运行活力(林斐，2004)，对拓展农村就业、发展县域经济有着积极意义(王西玉等，2003；李全伦、李永涛，2010)，在推动社会主义新农村建设过程中也发挥了重要作用(张秀娥、孙中博，2013)。因此，应该在政策上支持农民工返乡创业(肖华芳，2009；朱红根等，2011)。但目前还存在着一些诸如创业资金不足、融资困难、创业能力不强、创业信心不足等障碍(阳立高等，2008；陈雷等，2009；刘庆宝，2009；刘俊威、刘纯彬，2009)。因此，要通过给广大农民工提供创业培训提高农民工创业能力，增强创业意识，通过有效的货币政策和财政政策保障农民工创业资本供给，降低创业门槛和创业成本，建立各类返乡农民工创业园区，提高农民工创业的组织化程度，使更多的打工者成为创业者，让农民工返乡创业就业和就地城镇化“引爆”农村内需(辜胜阻、武兢，2009)。

为了全面把握我国农民创业决策的研究现状，笔者对相关文献进行了搜集、整理。最初用“农民创业决策”作为关键词进行搜索，结果只找到4篇文献，由于农民实施了创业行为可以视为作出了开发创业机会的决策，因此把关于“农民创业行为”的研究涵盖在内，共搜集到48篇文献。

从这48篇文献的具体研究内容来看，国内学者针对不同的农民群体进行了细分研究，包括“农民”、“农民工”和“新生代农民工”三类群体，这与国外学者普遍采用农村创业概念来研究农民创业问题存在着较大的差异，反映了当前我国经济转型的特殊背景。因此，本部分也采用这一脉络进行文献回顾。

2.3.1 农民创业决策研究

随着社会经济的发展和农村环境的变化，农民创业已成为促进农村经济增长和保持农村经济活力的重要方式(罗明忠，2012)。将农民创业行为与现代化农业经营体系创新、农产品供应链建设相契合，可以为有效解决“ 三农问题”提供帮助(张益丰、郑秀芝，2014)。

2.3.1.1 基于个体特征的研究

创业始于特定的人的行动，创业者是促使创业过程得以发生的关键要素，农民的个体特征会影响其创业决策。

(1)人口统计学特征

年龄对于农户创业选择影响显著，农村地区40岁以下的人群创业概率高于40岁以上的人群，这意味着在农村地区，青年家庭是创业的主力(杨军等，2013)。受教育程度越高，农民越有可能创业(朱明芬，2010)。随着文化程度的提高，农村劳动力进入知识含量较高的行业进行创业的可能性增大(吴彩容、吴声怡，2012)。

(2)创业资源禀赋

创业资源禀赋是指创业者在创业前所拥有的各种资本的总和，包括经济资本、人力资本和社会资本(杨俊、张玉利，2004)。

家庭资源拥有量是农民创业的基础条件。家庭人口越多，承包耕地面积越多，越有利于农民创业(朱明芬，2010)。自有财富水平越高的家庭选择创业的概率也越高，这也意味着农村金融市场中创业融资约束普遍存在(杨军等，2013)。由于资金约束，大部分农民创业者选择了较为密集的第三产业，其特点为客户群体相对稳定，风险小，技术要求不高，进入门槛较低，但利润空间也相对较小，经营上较为保守，养家糊口为基本目标(王淅勤等，2010)。因此，流动性约束对中国农民是否选择创业和创业类型的选择具有显著的阻碍作用(刘杰、郑风田，2011)，而社区金融资源的覆盖有助于弥补农村金融市场的空白，减少信息不对称和缓解社区家庭融资约束。处于金融资源配置效率较高社区内的农户获得正规金融支持越多，参与创业的概率越高(杨军等，2013)。

农民的创业决策与人力资本之间有着不可分割的联系，农民随着自身人力资本积累的增多，越有可能创业(朱明芬，2010)。另外，农民在作出创业决策时不仅需要人力资本，同时还需要较好的心理资本，即具有自信、乐观、希望和坚韧等(龚军姣，2011)。

农民创业活动受社会资本的影响也较大，农民的家庭背景（村干部、公务员背景）对农民创业有重要影响，这反映了农村的社会分化现象，即具有较丰富社会经验和较好家庭背景的农民通过创业等活动，成为农民中的强势群体和农民精英(韦吉飞等，2008)。在创业过程中，与银行有一定“关系”的农民更容易获得贷款，“关系”在农村信贷市场上发挥着重要作用(肖华芳、包晓岚，2011)。农民创业者利用先前从业经历积累的社会资本获得该行业的商机，创业行业的最终选择是其所拥有的内外部社会资本共同作用的结果。可动用的行政资源及其可利用的人际关系网络资源的融合对农民创业地点的选择具有重要影响，与政府相关部门保持良好关系为农民新创企业获得资源和优惠提供了便利，人际关系网络资源无论在农民创业初期，还是后期的企业成长过程中都发挥着不可替代的作用(罗明忠、邹佳瑜，2012)。

2.3.1.2 基于环境特征的研究

环境因素对农民创业有直接和间接的影响。在选择创业地域时，农民主要考虑的是地理位置、交通和通信条件以及相关的产业配套等因素，因为这些因素直接关系到创业后的生产经营和发展

(罗明忠，2012)。相对于远郊，近郊农村基础设施完善，产业集聚较多，专业市场集中，交易费用较低，因而近郊农民较远郊农民更容易创业(朱明芬，2010)。富有经济活力和创业氛围活跃的农村社区能够形成相互促进的集群效应，对农户家庭的创业有益(杨军等，2013)。

县域特色产业能够带动农民创业，例如被称为汉民族传统饮食“活化石”的沙县小吃带动的创业者占到沙县农村人口的60%(吴彩容、吴声怡，2012)。

除了硬件环境之外，政府服务与相关制度环境的优劣也是农民创业时重点考虑的因素(罗明忠，2012)。

2.3.2 农民工回乡创业决策研究

在中国农村劳动力进入城市的过程中，一直伴随着大量的回流现象。返乡后的农民工利用外出务工获得的资金或者技术创办企业，开展经营活动，成为中国劳动力转移的新现象(石智雷等，2010)。

农民工回乡创业就是指农民工经过一段时间的打工生涯后又回到本县（市）创建各种经济实体、从事各种非农产业活动或扩大原有生产经营规模以实现财富增加并谋求发展的活动过程(刘唐宇，2010)。农民工回乡创业对缓解农村就业压力和增加农民收入起了至关重要的作用(吴磊、郑风田，2012)。同时，作为中国经济转型时期存在的特殊群体，其创业活动也具有一定的特殊性(李长峰、庄晋财，2014)。那么，在什么情况下，外出务工的农民愿意回到家乡进行创业呢？学者们从农民工的个体特征、创业动机、风险态度、资源禀赋和创业环境等多个方面展开研究。

(1)农民工的个体特征

在个体特征变量中，性别、年龄、婚姻状况、受教育程度都对农民工回乡创业有显著的影响。一般来讲，男性、已婚且具有较高文化程度的农民工更有可能从事创业活动。婚姻对创业的促进作用表明农民工的创业更倾向于家庭作坊或家庭企业的方式，已婚女性在创业过程中发挥了重要的辅助角色(唐有财，2013)。年龄与创业行为之间呈“倒U形”关系，返乡的青壮年更容易选择创业(石智雷等，2010)，35岁到45岁是返乡农民工创业的黄金年龄区间(程广帅、谭宇，2013；陈文超，2014)。在现行的二元社会经济体制下，农民工年龄越大，因为亲情与乡情的呼唤以及要照顾家庭，使其回乡的愿望越强烈，在回乡就业比较困难的情况下，只要具备一定的条件，创业就是最主动和最积极的就业(刘唐宇，2010)。

(2)创业动机

对于返乡创业的农民工来说，他们返回家乡创办企业并不仅仅因为自身积累了一定的人力资本和财富资本，也不仅仅因为家乡创业环境优越，而是因为自身具有创业的强烈动机(程广帅、谭宇，2013)。在返乡者心中，创业是优于继续务农或者打工的选择(杨其静、王宇锋，2010)，追求更多财富需求是农民工创业决策的重要动因之一(程广帅、谭宇，2013；熊智伟、王征兵，2011)。

(3)风险态度

关于风险态度对农民工回乡创业的影响，目前有两个截然相反的结论。陈波(2009)的研究表明，农民工的回乡创业行为表面上受资本的约束，但不同的人实现回乡创业所需的资本数量却不同。越是保守的人，由于期望投资量偏小，回乡创业难度降低，回乡创业的可能性越大；越是偏好冒险的人，由于期望投资较大，回乡创业难度增加，回乡创业的可能性也就越小。但朱红根(2012)的研究表明，偏好冒险的农民工不仅有强烈的返乡创业动机和意愿，而且更有可能通过实际创业来满足其冒险心理的需要，从而导致返乡创业自述偏好与现实选择一致性的概率更大。

(4)资源禀赋

返乡农民工在创业过程中的决策行为与其拥有的资源禀赋密切相关。农民工在自身人力资本、经济资本和社会资本存量累积到一定程度时，才会考虑创业(熊智伟、王征兵，2011)。

回乡创业者在农村社会学历相对较高，他们在打工期间作为技术人员或管理人员积累工作经验，回乡以后用通过这些经验获得的

人力资本创建自己的企业(村上直树，2011)

社会资本能够为农民工返乡创业提供各种创业信息和关键性的金融资本支持，对促进农民工创业发挥了重要作用(程广帅、谭宇，2013)。因此，主要社会网络局限于老家的亲戚和朋友的农民工更倾向于返乡创业(赵浩兴，2012)。这是由于当前我国农村市场发育还不完善，中介组织不发达，信息沟通渠道还不通畅，加上农民工返乡创业处于劣势地位，较难获得外部的资源支持，所以，农民工社会资本在返乡创业中具有独特的优势(朱红根，2012)。

家庭资源为农民工回乡创业提供了资本条件，家庭财富积累水平和家庭总收入较高的农民工回乡后更倾向于创业(石智雷等，2010)，这意味着他们的创业资本主要还是依靠家庭的财富积累(程广帅、谭宇，2013)。

资源禀赋也对农民工的创业行业的选择影响显著，一般而言，大部分农民工创业者在创业初期所拥有的创业资本十分有限，因此，在进行创业行业选择时只能选择那些对资金要求较低的行业(李长峰、庄晋财，2014)。

(5)创业政策

政府出台的相关扶持政策可以显著促进农民工创业(程广帅、谭宇，2013)。与返乡者创业所面临的财富约束相比，制度环境因素尤其是政府的友善程度对农民工回乡创业具有更大的影响(杨其静、王宇锋，2010)。

当地政府支持创业的政策不仅可以为农民工创业营造一个良好的政策环境和提供法制保障，同时还伴随着创业赋税的减免或资金补贴。因此，当地政府支持创业的政策对农民工创业的促进作用是显而易见的(吴磊、郑风田，2012)。

当前农民工最需要的返乡创业扶持政策依次为创业技能培训、创业项目支持、创业用地优惠及创业信贷扶持。因此，政府要紧跟农民工的创业扶持政策需求，注重对农民工最需要的创业扶持政策的提供，激发农民工创业行动的积极性与主动性(刘小春等，2011)。

2.3.3　新生代农民工创业决策研究

新生代农民工是指 20 世纪 80 年代以后出生的拥有农村户籍而在城市务工经商的人员，由于其性格与行为特点与老一代农民工存在显著差异而被称为“新生代农民工”(丁冬等，2013)，包括中学毕业后直接从农村走向城市的就业者以及在城市打工的老一代农民工子女，他们在城市环境下出生或成长，已经完全脱离了农村(刘美玉，2013)。

随着工业化和城镇化的快速发展，新生代农民工已成为农民工的主体。新生代农民工的文化程度普遍较高，流动性较强，具有一定的开拓精神，渴望实现自我价值，创业热情高(徐辉，2015)。

创业动机是新生代农民工创业的“启动阀”，经济性、社会性和成就性动机往往交织在一起，创业资源的获取与创业机会的感知决定新生代农民工的创业模式。生存型创业是新生代农民工创业的主导模式，但也不乏抓住机会、寻找市场空白点的机会型创业(刘美玉，2013)。

无论是物质层面还是精神层面，乡村社会网络中家人和亲属的支持贯穿新生代农民工创业的始终，从而构成最持久、最稳定的支持网络(才凤伟，2014)。拥有更多亲友、更多社会网络以及较容易获得银行、信用社等正规借贷的新生代农民工，其创业概率越大(丁冬等，2013)。

2.4　本章小结

本章分别对创业决策和农民创业决策的影响因素进行了系统梳理和分析，从中得出如下结论：

(1)创业决策受多种因素的综合影响。这些影响因素可以概括为三类：第一类基于创业者，创业者特征与认知、创业者人力资本、创业者社会网络和创业者风险感知均影响创业决策；第二类基于创业机会，创业者对创业机会的价值与可实施性的判断是关键；

第三类基于创业环境，失业率、经济运行状况、行政管理制度和创业政策均会激励或抑制创业。

(2)创业机会的提出为创业研究构建了一个全新的研究框架，也为创业决策研究提供了新的视角。创业是创业者和创业机会相互作用的动态过程，如果没有有利可图的创业机会和有进取心的个人之间的联结，创业行为不会发生。因此，个体—机会关系范式是分析创业决策的一个合理框架。

(3)创业机会评估在创业决策的形成中起着非常重要的作用。当创业机会被识别后，创业者在决定开发创业机会前，会对创业机会的可盈利性、预期收益、风险、资源等作综合评估，以确定创业机会的前景和吸引力。

(4)创业机会信念是影响创业决策的直接变量。创业者在对创业机会进行评估后，如果他/她能形成一个信念，即机会给他/她提供了一个具有合意性和可行性的行动方案，他/她才有可能选择开发创业机会。

上述结论为本书的研究提供了很好的前期基础，但仍需在以下几个方面进行深入探索：

(1)对创业机会信念维度的细分。创业机会信念分解为合意性信念和可行性信念，但目前对可行性信念结构维度的划分仅考虑创业机会同创业者知识、技能和能力的相关性，未考虑创业资源的可获取性。因此，创业机会信念的维度需要进一步细分与完善，以增强对创业决策的解释力。

(2)不同创业机会信念维度对创业决策的影响机制。当创业机会信念增加了新的维度之后，需要确定这些不同的维度对创业决策的影响方向和强度，还需要判断这些维度和创业决策的关系如何受创业者自我认知与评价的影响，以完整地解释创业决策过程。

(3)基于实地调查数据的创业决策研究。在已有的创业决策研究中，实验方法应用较多，虽然也能得出一些有益的结论，但毕竟和真实情况存在偏差。因此，需要加强对创业者的实地调研，在此基础上对其创业决策展开研究。

(4)基于创业机会视角的农民创业决策研究。虽然国内外对于农民创业问题的研究成果已经比较丰富，但关于农民创业决策的研究仍比较有限，更缺乏基于创业机会视角的研究。这表明对农民创业决策的研究已经滞后于整个创业决策的研究进程，亟须开展基于新视角的研究。

理论框架与研究假设

创业过程包括机会识别、机会评估和机会开发(Shane, 2000; Ardichvili et al., 2003)。当创业机会被识别后，为了开发机会，创业者必须首先消除对行为可行性和合意性的疑惑(Mcmullen & Shepherd, 2006)。这个过程要求创业者对机会的风险、不确定性和模糊特征以及他/她的知识和动机进行评估(Shepherd et al., 2007; Haynie et al., 2009; Krueger, 2000)。通过评估，创业者需要形成一个信念，即机会给他/她提供了一个具有合意性和可行性的行动方案，否则他/她不会选择开发创业机会(Bhave, 1994; Keh et al., 2002; Autio et al., 2013; Shepherd et al., 2007)。

个体—机会关系范式(individual-opportunity nexus paradigm)是一个被广泛接受的理解创业行为的框架(Shane, 2003)。因此，理解创业行为不能仅仅考虑创业机会，还需要分析创业者面对创业机会时对自我的认知，这样才能更全面地解释为什么面对相同的机会时，创业者却作出了不同的选择。

本章将基于上述逻辑关系和研究范式构建理论框架并提出相应的研究假设。

3.1 理论框架的构建基础

3.1.1 创业机会评估的维度

创业者认为机会能够产生价值的主观信念是创业行为的关键驱动因素，也是理解创业行为和结果的关键(Krueger, 1993; McMullen & Shepherd, 2006; Barreto, 2012)。这种信念的产生是机会评估的结果，当创业机会被识别后，创业者会对其进行评估，以确定机会是否有足够的吸引力(Haynie et al., 2009; Krueger, 2000)。因此，近年来关于创业者是如何评估创业机会的研究快速增长(Gruber et al., 2015)。

Keh et al. (2002)认为，创业机会评估是在不确定和复杂的环境下进行的判断，潜在的创业者如果预测未来的经营状况良好且感知失败的风险较低时，他们会认为这个机会是理想的，即该机会是可行的和值得考虑的。

Haynie et al.(2009)把机会评估描述为"未来导向的，关于未来会如何的认知表征，个体基于评估而开发机会"。因此，他们认为机会评估的内容应该包括对现有资源禀赋的评估和机会开发后的商业价值创造两个方面，具体可分为四个维度：价值、不可模仿性、稀缺性和竞争有限性。机会价值是指能够增加当前产品或流程的效率和有效性的潜能；机会稀缺性是指在多大程度上关于机会的信息是有限的，不能为其他人获得；机会可模仿性是指在多大程度上其他人能够模仿该机会；竞争有限性是指在多大程度上机会面临的市场地位是可防御的。实证结果表明：随着机会的价值、稀缺性和竞争有限性的增加，机会的吸引力也增加。

Welpe et al.(2012)认为，机会评估是个体基于机会特征对机会的主观心理评价，因此，机会特征是创业评估的核心内容。机会特征可归纳为：成功的可能性、盈利性、个人投资和盈利时间。他们采用实验法对机会特征与创业机会开发决策的关系进行研究，结果表明：当潜在经济损失的可能性越低、感知风险水平越低时，创业者越有可能作出创业机会开发决策；如果创业者预测创业机会的盈利性强时，创业机会越有可能被开发；但个人投资和盈利时间与创业机会开发决策之间没有显著的相关性。

Ardichvili et al.(2003)认为，机会在于创造和传递新价值。机会评估首先包括可行性分析，即评估一个特定的资源组合带来的价值能否转化为经济上的成功。机会评估就像门径(stage-gate)程序，一个机会能否通过每一个门在很大程度上取决于创业者面临的约束或限制的数量，例如回报率、风险偏好、经济资源、责任和目标。如果一个机会没有通过"大门"达到另一个阶段，这个机会或者被修订或者被放弃。

在 Wood & Williams(2014)的研究中，新颖性(novelty)、资源效率(resource efficiency)和最坏情况预期(worst-case scenario)是创业机会吸引力的三个维度。新颖性是指创业机会具有创新性。新颖性越强，意味着类似的产品或服务在当前的市场不存在，这会增加它的潜在价值(Choi & Shepherd，2004)和未来收益，但同时也意味着风险的增加(Sapienza & Gupta, 1994), 因为市场也许不能够对新颖性进行正确估价。但即便如此, 新颖性作为创业机会特征仍被广泛认为是合意的(Wood & Williams, 2014)。新颖性可以为创业者提供先发优势(Lieberman & Montgomery, 1998), 独特的不易被模仿的创业机会更具竞争力, 能够产生创业租金(Rumelt, 1987)。因此, 创业机会的新颖性越强, 创业机会的吸引力就越大(Wood & Williams, 2014)。

资源效率是指资源被应用到他们最好的用途上去, 这对企业的生存和绩效至关重要(Hanlon & Saunders, 2007; Salimath et al., 2008; Wu et al., 2008), 尤其是面临资源约束时更是如此(Baker & Nelson, 2005; Starr & Macmillan, 1990)。创业者更愿意追逐那些能够对资源进行更好配置从而带来更高收益的机会(Thornberry, 2001), 资源效率高的机会对创业者的吸引力更大(Wood & Williams, 2014)。

创业不可避免地涉及风险(Foo, 2011), 这就需要考虑行为的结果以及这些结果的价值(Wood & Williams, 2014)。创业者会预期如果机会被开发, “最坏的情况是什么”(Bryant, 2007), 以尽力避免将来可能后悔。“最坏情况预期”也可能会导致创业者对未来恐惧, 甚至对机会失去信心。因此, 如果创业者预期最坏的情况十分严重时, 机会对他的吸引力将大大降低。进一步地, 最坏情况预期还会影响创业机会新颖性和资源效率对创业者的吸引力(Wood & Williams, 2014)。

Shane(2003)指出, 如果创业者之间没有差异, 那么每个人都会识别和开发所有的机会。个体间的差别主要体现在先验知识(prior knowledge)方面(Krueger, 2007; Shane, 2000)。当创业者的先验知识与创业机会相关时, 机会的吸引力则加大(Haynie et al., 2009; Mitchell & Shepherd, 2010), 创业者也更愿意开发这样的机会(Choi & Shepherd, 2004)。因此, 对于一个特定的机会, 先验知识会调节创业机会的新颖性、资源效率和最坏情况预期对创业机会吸引力的影响(Wood & Williams, 2014)。

Mitchell & Shepherd(2010)指出, 从机会识别到创业行动, 在

很大程度上基于决策者的机会形象(images of opportunity)。在决策文献中，形象类似于脚本(scripts)和心理模式(schemas)，允许个体组织信息、基于信息形成预期并采取相应的行动(Gioia & Poole, 1984)。关于机会形象的构成，Baron & Ensley (2006)指出，初次创业者和多次创业者不同，初次创业者的机会形象基于新颖性和独特性，而多次创业者的机会形象则由盈利性和可行性构成。Mitchell & Shepherd(2010)认为，既然创业机会是具有合意性和可行性的未来情形(Stevenson & Jarillo, 1990)，那么机会形象也应包括这两个部分。具体来看，机会的合意性越强，潜在创业者越有可能投资该机会；机会的可行性越强，潜在创业者越有可能投资该机会。他们的研究再次证明了合意性和可行性在机会决策中的重要性。

在McMullen & Shepherd(2006)构建的概念模型中，创业机会分为第三人机会(third-person opportunities)和第一人机会(first-person opportunities)，分别属于创业行为的不同阶段。第三人机会是指能够被市场中某些具有必要知识和动机的人识别出的机会，往往因环境的变化，例如技术的进步而存在，这个阶段称为创业行为的注意阶段(attention stage)。但第三人机会是创业行为发生的必要但不足够的前提条件(Grégoire et al., 2010)，第三人机会需要进行机会评估，如果机会评估后形成第一人机会信念，创业行为就会被触发。信念是对自我和外部环境的心理表征，包括对结果和实现方式的预期(Hastie, 2001)，对能力的判断以及对不同事件和行动集可能的影响的预期(Bandura, 2001)，信念已经成为理解人们认知和决策行为的基础。

Dimov(2010)认为，新企业的出现是一个渐进的、反复的过程。在这个过程中，初生的创业者持续地评估创业机会的前景，只有给他们带来充满信心的机会才会让其坚持下去直至新企业出现。因此，机会信心和新企业出现之间存在着正向关系。机会信心由创业机会可行性和创业自我效能共同代表。

从上述文献回顾可以看出，创业机会评估的内容虽然在具体的表述上千差万别，但实质上均在强调机会的价值和可行性。

3.1.2　创业机会信念的形成

创业机会信念是理解创业认知和决策的重要构念(McMullen & Shepherd，2006；Shepherd et al.，2007；Felin & Zenger，2009)。一旦潜在创业者形成第一人机会信念，认为机会具有合意性和可行性，他很可能作出创业选择(McMullen & Shepherd，2006)。

创业机会信念的形成，是一个密集的认知过程，体现了个体的知识、动机和外部信息的互动(McMullen & Shepherd，2006)。按照Shepherd & McMullen(2007)提出的模型，机会信念的形成可以分为两类过程：一类是自下而上的形成过程(bottom-up process)，一类是自上而下的形成过程(top-down process)。自下而上过程共包括五个阶段，分别为环境数据、信息导向系统、环境感觉表征、环境的元表征以及知识结构、机会信念和一致性表述。当创业者产生多重的、相对一致的环境要点时，他们将快速形成第三人和第一人机会信念；当创业者形成的多重的环境要点与一致性表述或更深层次的知识结构不相容时，他们将快速形成第三人机会信念，此时，第一人机会信念的形成则较慢；自上而下过程与自下而上过程非常类似，只是五个阶段的顺序有所不同，分别为知识结构、机会信念和一致性表述、环境的元表征、信息导向系统、环境数据以及环境感觉表征。当知识结构产生环境表征时，在机会表述和环境感觉表征间将形成显著的一致性，此时，创业者将迅速形成第三人和第一人机会信念。无论是哪种形成过程，都是创业者摆脱未知、消除疑惑的过程，最终形成的第一人机会信念类似创业意愿，能够直接转化为创业行为。

McCann & Vroom(2015)认为，作为创业过程中的重要组成部分，持续的机会评估会导致机会信念发生变化。那些代表孕育或创建行为的计划行为，例如拟定商业计划、定义市场机会、寻找外部资金、制订财务报表规划以及开发产品或服务标准等，都会改变机会信念。因为计划行为能够让创业者获得更多的信息，从而减少创业者的不确定性感知，增加创业自我效能和对未来财务绩效的预期。

Muñoz & Kibler 指出，制度环境能够促进或约束机会信念的形成，他们把制度环境分为社会支持网络、社会—政治规范性、政府的影响力量、资助体制、资助机会、劳动招聘支持和经济建议，并基于集合理论和校准测量进行了实证研究，结果表明：社会支持网络、社会—政治规范性、政府的影响力量这些非正式的制度对于机会信念的形成比正式制度重要。

Felin & Zenger（2009）提出了创业理论化和信念形成（entrepreneurial theorizing and belief formation）模型来说明创业信念的形成。在这个模型中，信念的形成分为以下几个阶段：第一，经验和感知提供了产生信念的原始资料和数据，触发了这一过程；第二，创业者会想象未来行动的可能性，构建超越过去经验的创业可能空间；第三，通过推理和判断过程，把原来的碎片化观察转化成更加成熟的猜想、假设、模型和理论；由于个体有不同的经验、观察以及对什么是可行性、什么代表真正的机会、什么资源能够在要素市场上购买、哪些能力应该被开发等有不同的感知，因此，这些猜想、假设、模型和理论最终能否被相信、接受和选择，取决于在一个广泛的社会情境下的测试和自我选择。

3.1.3 创业者自我形象的构成

创业机会是面向未来的，它的潜在价值是未知的，因此，创业者关于机会潜在价值的判断是主观的（Barreto，2012；Shane & Venkataraman，2000；Smith et al.，2009；Wood et al.，2014），受到创业者直觉、心理特征、生活经历和能力的影响（Mitchell et al.，2005；Corbett，2005；Grégoire et al.，2010a），最终综合成机会具有潜在价值和可行性的信念（Grégoire et al.，2010b；Haynie et al.，2009），即机会在“我”既定的愿望、经历和资源等条件下对“我”具有吸引力（McMullen & Shepherd，2006）。因此，创业者对机会的评估被深深打上了“个性化”的烙印，即使面临相同的外部条件，也可能形成不同的机会信念。这有助于解释为什么机会对所有的人不具有相同的吸引力，为什么在相同的情形下有些人选择创业而有些人没有（Wood et al.，2014）。

创业者对自我的全部信念和态度称为自我形象(self-imagine)，即“我是怎样的人，我能做什么样的事”的自我观念，它建立在对自身认知和评价的基础上，同创业决策和行为密切相关(Mitchell & Shepherd，2010；刘力、陈浩，2015)。

Mitchell & Shepherd(2010)认为，创业者形象应该包括脆弱性形象(images of vulnerability)和能力形象(images of capability)两个维度。脆弱性形象的核心要素是创业失败恐惧；能力形象的核心要素是技能和相应的技能信念，分别用人力资本和自我效能表示。实证结果表明，当机会价值较低时，失败恐惧越高者越倾向于保留资源而不去冒风险。对于那些具有较高通用性人力资本的个体来说，他们在决策过程中更关注知识的相关性和机会窗的关系，然而，具有较高自我效能的个体在决策过程中却没有强调知识的相关性和机会窗的关系。一个可能的解释就是，对于自我效能较高的个体而言，机会窗同高知识相关性的机会相关度较低，因为他们相信自己能够独立于环境而成功开发机会。

Mitchell & Shepherd(2011)指出，失败恐惧对创业行为有不同的影响，一方面会阻止创业，但另一方面也会激励创业。一般来说，人力资本、自我效能同创业行为倾向呈正相关关系，但失败恐惧会改变这种关系。人力资本同创业行为倾向的正向关系会被减弱，自我效能同创业行为倾向的正向关系则被加强，这或许是因为在面对不确定的环境时，具有高自我效能和高不确定未来恐惧的个体将通过行动来消除他们对未来不确定性的担心，更可能采取创业行动。

3.2　理论框架的构建

在已有研究成果的基础上，本书基于个体—机会关系范式，构建了传统农区农民创业决策行为的理论框架，该理论框架的内在逻辑为：决策是信念的结果(Hastie，2001)，潜在的农民创业者首先识别出创业机会，该机会称为第三人机会，他需要对第三人机会进行评估，以确定该机会是不是第一人机会，评估的结果是形成一个机会信念，如果该机会对他来说具有合意性和可行性，即可视为第一人机会，此时他会选择开发，否则他就会选择放弃。同时，机会信念与创业决策的关系受自我形象的调节(见图 3-1)。

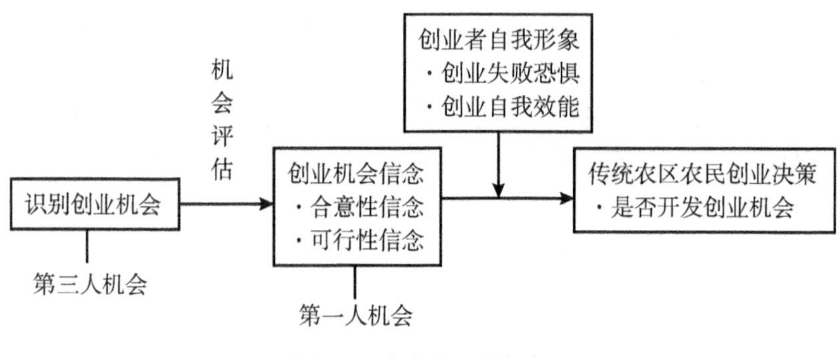

图 3-1 本书的理论框架

本书的重心在机会识别后的机会评估和机会开发阶段，希望通过实证研究，基于新的视角对"在识别创业机会后，为什么有些农民选择开发创业机会而其他人没有"这一问题进行解答，这一问题具体可分解为：(1)在识别创业机会后，农民将在哪些方面对创业机会进行评估，进而形成创业机会信念？(2)创业机会信念与农民创业决策之间存在何种内在机制？(3)创业者对自我的认知与评价(创业者自我形象)如何影响创业机会信念与农民创业决策之间的关系？

3.3 研究假设的提出

虽然识别机会是创业的必要条件，但并不必然导致创业行为的发生(Grégoire et al., 2010b; Shane & Venkataraman, 2000)。在识别创业机会之后，潜在的创业者必须决定是否开发该创业机会。在这一过程中，潜在的创业者持续地评估机会的前景，并最终选择具有前景的机会而放弃前景暗淡的机会(Dimov, 2007; Stevenson & Jarillo, 1990)。也就是说，潜在的创业者必须形成一个信念，即机会对他来说具有行动的可行性和合意性，否则他是不愿意采取行动的(Autio et al.，2013)。基于此，本书提出如下研究假设：当潜在的农民创业者识别创业机会后，不会马上实施创业行为，而是对机会的潜在价值、创业资源的可获取性和自我形象进行综合评价。只有当他们认为创业机会具有合意性和可行性时，才有可能决定实施创业，即创业机会信念正向影响农民创业决策，具体为(见图 3-2、图 3-3)：

H1：创业机会合意性信念正向影响农民创业决策。

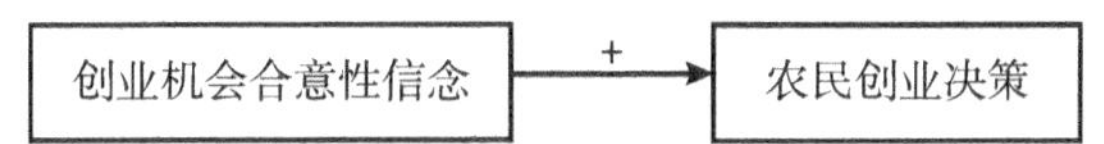

图 3-2　创业机会合意性信念对农民创业决策的影响假设

H2：创业机会可行性信念正向影响农民创业决策。

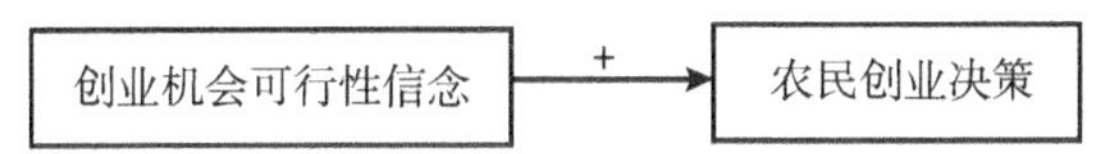

图 3-3　创业机会可行性信念对农民创业决策的影响假设

创业机会对于个体来说是不同的，因为不同的个体拥有不同的知识，对不确定性持有不同的态度，对自己能力的感知也不同(Dimov，2007)。这些不同可以称为创业者自我形象，影响个体对创业机会的感知和决策(Mitchell & Shepherd，2010)。创业者自我形象首先表现为创业失败恐惧，由于创业的高失败率(Dickinson，1981)，人们普遍希望避免创业失败。创业失败恐惧作为一种回避动机会让人们尽量避免消极结果的产生，这会影响他们对机会价值的判断(Mitchell & Shepherd，2010)。基于此，本书提出如下假设：即使面对相同的创业机会，创业失败恐惧程度不同的潜在农民创业者也会作出不同的创业选择。创业失败恐惧程度越高，选择创业的可能性越小，即创业失败恐惧会减弱创业机会信念与创业决策的关系。具体为(见图 3-4、图 3-5)：

H3a：创业失败恐惧对创业机会合意性信念和农民创业决策的关系具有负向调节作用。

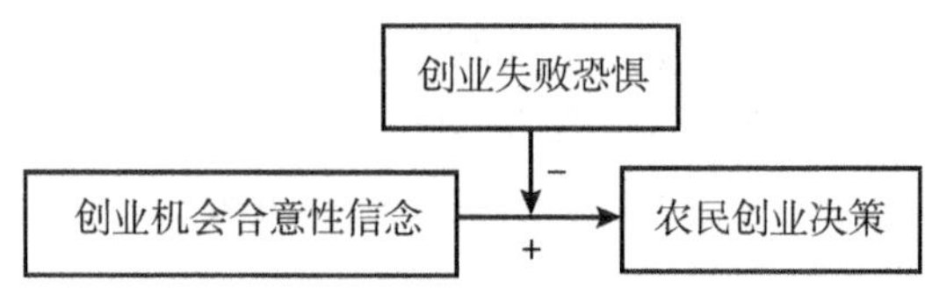

图 3-4　创业失败恐惧的调节作用假设一

H3b：创业失败恐惧对创业机会可行性信念和农民创业决策的关系具有负向调节作用。

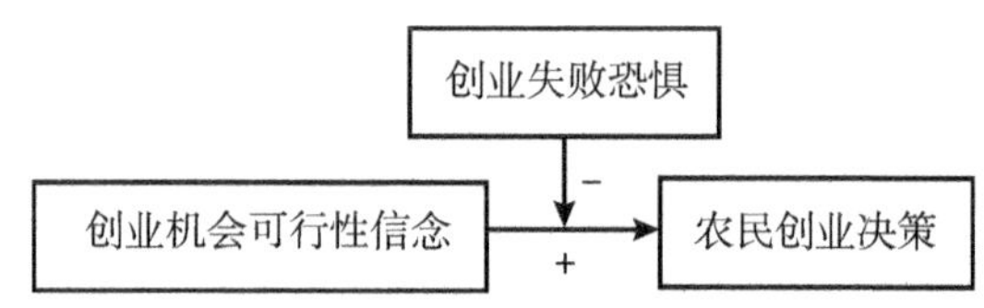

图 3-5　创业失败恐惧的调节作用假设二

创业者自我形象还包括个体对自己创业能力的自我判断和评价，可以用创业自我效能表示。创业自我效能是自我效能在创业领域的应用，是个体相信自己能够胜任各种创业角色和任务的信念(Chen et al.，1998)，是创业行动背后深层次的信念因素(Krueger，2007)。具有较高水平创业自我效能的个体相信他们已具备创业的必要能力，受机会风险的影响也较小，更可能实施创业行为(Krueger & Dickson，1994；Mitchell & Shepherd，2010)。基于此，本书提出如下假设：即使面对相同的创业机会，创业自我效能水平不同的潜在农民创业者也会作出不同的创业选择。创业者对自己的创业能力越有信心，选择创业的可能性越大，即创业自我效能会加强创业机会信念与创业决策的关系。具体为(见图 3-6、图 3-7)：

H4a：创业自我效能对创业机会合意性信念和农民创业决策的关系具有正向调节作用。

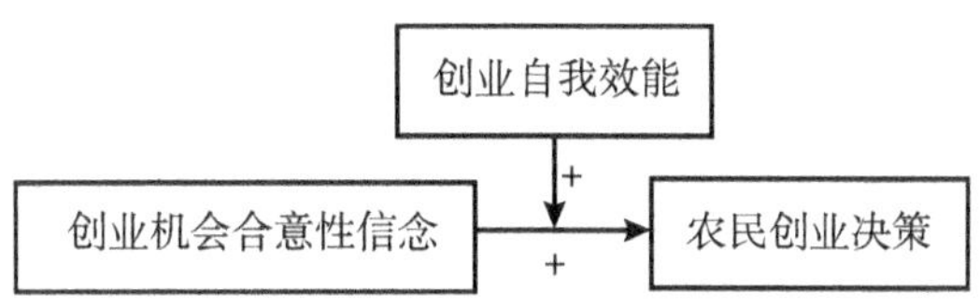

图 3-6　创业自我效能的调节作用假设一

H4b：创业自我效能对创业机会可行性信念和农民创业决策的关系具有正向调节作用。

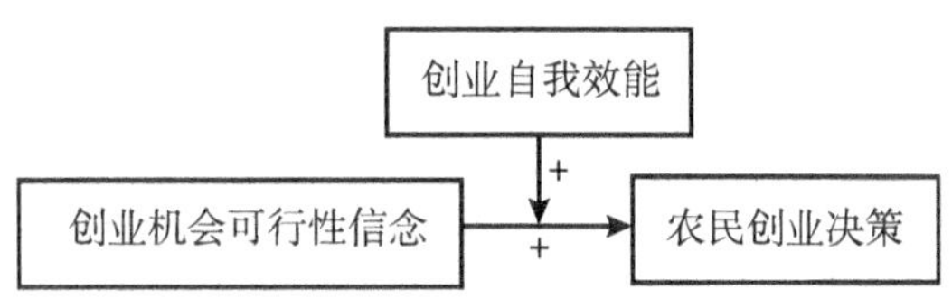

图 3-7　创业自我效能的调节作用假设二

3.4　本章小结

本章基于个体—机会关系研究范式构建了理论框架并提出相应研究假设，旨在揭示创业机会信念对农民创业决策的影响机制。该理论框架是从新的研究视角对我国传统农区农民创业决策机制进行的初步探索，也是后续实证研究的总体框架。后续实证研究将以此为基础，利用调研数据，进一步深入探讨研究假设，对研究问题作出解答。

实证研究设计与测量

第3章的理论框架确定了本书的研究变量为创业机会信念、创业者自我形象和农民创业决策。本章对这些变量进行了定义，对具体的测量方法进行了设计，对问卷设计的原则和过程作了简要介绍，并测量了调查问卷的信度和效度。

4.1　变量定义和测量

本书中使用的研究变量均来自国外研究文献，有相对成熟的测量量表。但是这些量表不能直接拿来使用，一是因为研究对象不同，二是因为中西方语言表达习惯的不同。因此，本书在保持这些量表主要维度的同时，对具体的测量语句进行了相应的修改，并采用李克特7级量表进行计量。Tang et al.(1999)推荐7级计分方式，因为这种计分方式在增加变量的变异量上有很大的选择空间，在各个变量之间具有较好的区分度。

4.1.1　农民创业机会信念的定义和测量

4.1.1.1　已有定义和测量方法回顾

创业机会信念是指经过机会评估后形成的，认为机会具有合意性和可行性特征的第一人机会信念。因此，创业机会信念包括机会合意性和可行性两个维度。

合意性和可行性最早出现在对创业意愿的研究中，反映个体关于创业作为职业选择的合意性和可行性信念。在这种情境下，合意性是指“在多大程度上，个体发现创业前景具有吸引力”；可行性是指“在多大程度上，个体相信他/她具有创业的个人能力”(Shapero，1982)。

近年来，合意性和可行性作为创业机会的特征在创业机会评估和创业决策研究中得到了创新性运用。机会情境下的定义也有了较大的变化。合意性是指“机会的感知效价(perceived valence)或吸引力”，在很大程度上基于从机会开发中获取的价值，潜在的价值基于经济回报和社会贡献(Venkataraman，1997)，例如，潜在利润较高的机会就被视为合意性较高。可行性是指“机会的感知可实施性

(practicability)或难度”，例如，处于强竞争市场环境中的机会，其可行性就低于处于弱竞争环境中的机会(Tumasjan et al.，2013)。

由于两种情境下的定义不同，其测量方法也显示出了较大的差别。创业意愿情境下的合意性和可行性测量主要基于 Shapero(1982)提出的创业事件模型和测量方法。Shapero(1982)用三个项目测量合意性，例如，“你是否喜欢创业这件事?”(喜欢—厌恶)；用五个项目测量可行性，例如，“你认为创业这件事的困难程度?”(非常难—非常容易)。随后，Krueger et al.(2000)采用这一方法进行了实证研究，并和 Ajzen(1991)的计划行为理论模型进行了比较。

创业机会情境下的合意性和可行性测量体现了方法的多样性。Mitchell & Shepherd(2010)用潜在价值测量合意性，用知识相关性测量可行性，其中潜在价值是指机会开发的预期利润，知识相关性是指开发潜在机会所需的知识和潜在创业者已掌握知识的相似程度。Tumasjan et al.(2013)借鉴 Forlani & Mullins(2000)提出的风险构成要素，把合意性界定为获得收益(或损失)的数量，把可行性界定为获得收益(或损失)的可能性。Haynie et al.(2009)以资源基础观为基础进行研究，合意性是指机会价值，可行性是指创业机会同创业者知识、技能和能力的相关性。Dimov(2010)用机会可行性和自我效能共同代表机会信心，机会信心的测量用前两个变量的平均值。在他的研究中，机会可行性的测量用两个指标的平均值：第一个指标由 11 个项目组成，评估初生创业者关于企业能获得的核心资源的信念，例如获得原材料、获得启动资金和营运资金、吸引顾客、与经销商建立合作关系、同其他公司竞争、获得其他各类资源等；第二个指标代表初生创业者对成功可能性的整体评估。

通过上述文献回顾可以看出，由于创业意愿中使用的合意性和可行性与作为创业机会特征的合意性具有不同的含义，其测量方法也显示出很大的差别。创业意愿情境下的合意性测量基于个人偏好，可行性测量基于个人能力；创业机会情境下的合意性测量强调机会的价值，可行性测量强调机会开发的可实施性。但是，如果在测量可行性时仅考虑创业机会同创业者知识、技能和能力的相关性，这显然是不全面的。通过前面的文献回顾可知，资源在创业过程中发挥着非常重要的作用，创业者只有获得必要的资源才能实现机会的开发。因此，创业者在评估机会的可行性时，资源的可获取性是他们不会回避的内容。

4.1.1.2 农民创业机会信念的定义

本书借鉴已有的创业机会信念的定义，把农民创业机会信念界定为潜在的农民创业者对识别出的第三人机会进行评估后形成的，认为机会具有合意性和可行性的第一人机会信念。

4.1.1.3 农民创业机会信念的测量

农民创业机会信念分解为合意性信念和可行性信念两个维度。合意性信念反映机会价值对特定创业者的吸引力，可行性信念反映机会开发对特定创业者的现实性。

(1)合意性信念的初始测量题项

潜在的创业者对机会价值的判断至关重要，这些判断会影响新企业的最终出现。那些不具前景的机会将被放弃，而具有吸引力的机会将被坚持(Dimov，2010)。

对于农民创业者来说，生存需要是其创业的主要动机(罗明忠等，2012)，在这种动机下的创业目标主要是追求物质财富(岳甚先，2014)，如果创业机会蕴含巨大的盈利空间，则决策者会产生强烈的动机去选择这一机会（Craig & Lindsay，2001）。

目前，并没有什么绝对权威的机会评价标准(姜彦福、邱琼，2004)，Timmons(2000)的《机会评价量表》是内容较全面的一个机会评价指标体系，其权威性和通用性都令人满意(苗青，2006)，在国内被广泛借鉴。例如，姜彦福、邱琼(2004)通过问卷调查法对中国资深创业者和一般管理者进行比较研究，发现资深创业者更重视机会的经济价值(包括利润和成本情况)；陈海涛、蔡莉(2008)用行业/产业的吸引力、经济性及机会的竞争优势来测量机会盈利性；苗青(2006)用新颖性、潜在价值和持续性测量机会的盈利性。

本书借鉴Timmons(2000)的《机会评价量表》，结合农民创业的现实情况，开发农民创业机会合意性信念测量量表，包括市场前景和经济价值两个维度，用6个题项进行测量，具体见表4-1。

表 4-1 **农民创业机会合意性信念量表**

维度	测量题项
市场前景	a1 将要开发的产品生命长久 a2 市场的规模大，销售潜力大 a3 项目所在的行业是新兴行业
经济价值	a4 顾客可以接受产品或服务，愿意为此付费 a5 能获得持久的利润，毛利率要能够达到 10%以上 a6 实现盈亏平衡所需要的时间在 2 年以下

(2)可行性信念的初始测量题项

创业是一个目标性行为，要求具备远见、努力和资源(Autio et al., 2013)。在企业真正创立之前，机会只能称为创业想法(Davidsson, 2006; Dimov, 2007)。潜在的创业者必须持有机会的可行性信念，才有足够的信心坚持下去(Mitchell & Shepherd, 2010)。

资源在创业过程中发挥着非常重要的作用(Chandler & Hanks, 1998; Davidsson & Honig, 2003; Dencker et al., 2009; Habera & Reichelb, 2007; Sarasvathy, 2001)。创业者只有获得必要的资源才能实现机会的开发(Edelman & Yli-Renko, 2010; Brush et al., 2001)。那些有价值的、稀缺的、难以模仿和替代的资源，可以为创业者带来持续性的竞争优势(Barney, 1991)，而如果关键性资源无法获得，潜在的创业者很可能放弃他们的努力(Dimov, 2010)。对一个特定的创业者来说，一个机会是否具有开发的可行性，主要取决于创业者对自己是否拥有或能够获取关键性资源的判断。因此，农民创业机会可行性信念可以用其对创业资源的可获取性的判断进行测量。

创业资源是多维度的，但目前还缺乏明确的、统一的界定(Kellermanns et al., 2016)。Davidsson & Honig(2003)把创业活动中的主要资源分为三类：财务资源(financial resources)、政府资源(government resources)和社群资源(community resources)。财务资源代表创业者的资金能力。政府资源表明来自政府的政策灵活性和管理支持。社群资源体现为专业社群成员间的互惠互利(Edelman & Yli-Renko, 2010)。Jenssen (2001) 把创业资源分为财务资源(financial resources)、信息资源(information resources)和情感资源(affective resources)。Ireland et al. (2003)把创业资源区分为经济资本(financial capital)、人力资本(human capital)和社会资本(social capital)。Kellermanns et al. (2016)基于对创业者的调查，采用内容分析法，把创业资源分为资产(assets)、人力资本(human capital)、经济资本(financial capital)、实物资本(physical capital)和关系资本(relationship capital)。

本书借鉴上述分类方法，结合农民创业实际，按创业资源的获取渠道把农民创业资源分为：自有资源、网络资源、区位资源和政策资源。自有资源是指农民创业者自己所拥有的各类资源，包括开发机会所需的知识和技能、资金、经营场地、生产设备等。网络资源是指农民创业者通过其社会网络获取的各类资源，包括资金、员工、创业指导、商业信息和销售渠道等。区位资源是指农民创业者所处的地理区位带来的各类资源，包括交通、自然资源、当地生产的专业化程度等。政策资源是指农民创业者能够获得的一些政策性支持，包括政策性贷款、税收优惠和创业培训等。在此基础上开发农民创业机会可行性信念测量量表，包括自有资源可获取性、网络资源可获取性、区位资源可获取性和政策资源可获取性 4 个维度，用 16 个题项进行测量，具体见表 4-2。

表 4-2　　**农民创业机会可行性信念量表**

维度	测量题项
自有资源可获取性	a7 我有一定的创业资金 a8 我有创业所需的经营场地 a9 我有创业所需的生产设备 a10 我在该行业工作过，具有一定的行业经验 a11 我掌握了用该机会进行创业所需要的知识和技能

续表

维度	测量题项
网络资源可获取性	a12 我可以雇佣我的亲人和朋友作为我的首批员工 a13 我可以通过亲人和朋友获取各类商业信息 a14 我可以从亲人和朋友那里获得创业指导 a15 我的亲人和朋友可以为我提供或推荐销售渠道
区位资源可获取性	a16 当地具有良好的交通状况，运输成本较低 a17 当地可以为我的创业提供丰富的原材料 a18 当地已经形成产业群，可以为我的创业提供供货渠道 a19 当地已经形成专业村，可以为我的创业提供销售渠道
政策资源可获取性	a20 当地政府可以为我提供低息贷款 a21 当地政府可以为我提供税收优惠 a22 当地政府可以为我提供创业培训

4.1.2 农民创业者自我形象的定义与测量

自我形象是一个多维度、多层面和动态的概念(Markus & Wurf, 1987)，本书对农民创业者自我形象的定义与测量主要基于Mitchell & Shepherd(2010)的研究，但结合研究视角进行了略微的修改。

在Mitchell & Shepherd(2010)的实证研究中，创业者自我形象包括脆弱性形象和能力形象，其中脆弱性形象用失败恐惧测量，能力形象用人力资本和自我效能测量。本书对农民创业者自我形象直接采用创业失败恐惧和创业自我效能测量。这一点和Mitchell & Shepherd(2010)的测量方法略有差异。之所以这样处理，原因在于：农民创业者机会可行性信念的形成过程也就是对自己是否拥有或能够获取关键性资源的判断过程，而人力资本是创业的关键性资源之一。因此，在本书中，人力资本作为创业机会可行性信念的测量题项，而不作为创业者自我形象的测量题项。

4.1.2.1 创业失败恐惧的定义和测量

失败恐惧对创业行为的影响有三个不同的研究视角。

经济学的视角把创业作为一种职业选择方式(Langowitz & Minniti, 2007), 认为应该把感知变量加入创业行为的经济模型, 以提高其解释力(Arenius & Minniti, 2005)。在经济模型中, 失败恐惧作为感知变量之一, 等同于风险规避, 对创业倾向(Langowitz & Minniti, 2007)、创业行为(Minniti & Nardone, 2007)、创业决策(Arenius & Minniti, 2005)有显著的负向影响, 并且可以很好地解释创业倾向和创业行为间的性别差异(Langowitz & Minniti, 2007; Minniti & Nardone, 2007; Wagner, 2007)。这些研究主要基于全球创业观察(Global Entrepreneurship, Monitor, GEM)数据, 采用单个条目(失败恐惧将阻止我创业)对失败恐惧进行测量。但有学者指出, 这个条目的措辞把回避(avoidance)作为唯一的结果, 会对有效性产生影响(Hayton et al., 2013)。

心理学视角把失败恐惧定义为一个影响创业行为的负面情绪。基于情感信息理论(affect-as-information theory), Welpe et al. (2011)采用积极和消极情绪量表(Positive and Negative Affect Schedule)中的分量表, 用实验的方法测量个体在不同的机会特征情景下, 在决定是否采取创业行为时的恐惧程度。结果表明, 失败恐惧作为负面情绪之一, 既直接负向影响创业机会开发倾向, 又调节创业机会评估与创业机会开发倾向间的关系。Li(2011)指出, 创业既可能被视为机会又可能被视为风险, 人们对于创业成功可能性的主观判断是不同的。他采用情感方法, 用李克特 6 级量表研究了人们对于创业结果的感知是如何影响他们对于新创企业价值和成功可能性的主观判断。结果表明, 失败恐惧和新创企业价值判断负相关, 那些具有低程度失败恐惧的个体倾向于把创业视为一个机会, 认为创业成功的概率较高, 而高程度失败恐惧者则会低估创业机会价值。心理学视角的研究多采用实验决策情境方法, 得出的研究结论类似于经济学视角的结论, 即失败恐惧阻碍了创业行为。

社会心理学视角认为, 失败恐惧同创业的风险和不确定性密切相关, 类似于风险规避, 是阻碍创业的强有力的因素, 但强调社会文化特征施加的影响。如果一个国家把创业失败视为耻辱的话, 人们就不愿意成为创业者(Vaillant & Lafuente, 2007), 而创业失败接受度较高的国家创业率也会较高。例如，美国的文化允许创业失败，把其视为学习过程的一部分，但在欧洲，破产被视为一个严重的社会耻辱，破产的人被视为“失败者”(European Commission, 1998)，这就是美国创业率高于欧洲的原因之一。Wennberg et al.(2013)的研究表明，文化特征会调节失败恐惧与创业进入的关系，在具有低强度宏观集体主义和高强度不确定性规避文化特征的国家中，失败恐惧将更加强有力地阻碍创业进入。大部分此类研究仍采用全球创业观察(GEM)数据，用单个条目(失败恐惧将阻止我创业)测量失败恐惧，研究结论也没有什么不同。即使在不同的文化背景下，失败恐惧同创业行为(Vaillant & Lafuente, 2007; Helms, 2003)、创业过程(Hessels at al., 2011; Autio & Pathak, 2010)和创业意愿(Shinnar et al., 2012)仍呈负相关关系。

在创业机会视角的研究中，失败恐惧是创业者脆弱形象的代理变量，表示“因失败的结果经历羞愧或耻辱的能力”。潜在失败涉及对自尊的直接威胁，导致个体担忧他们缺乏满足内在化目标的能力(Sue, 1975)。Mitchell & Shepherd(2010)采用Conroy(2001)开发并精炼(Conroy et al., 2002)后的失败表现评估量表(Performance Failure Appraisal Inventory, PFAI)对失败恐惧进行测量，该量表包括5个维度，分别为：害怕经历羞愧和尴尬、害怕降低自我评估价值、害怕有不确定的未来、害怕重要的他人对自己失去兴趣和害怕让重要的他人烦恼，用25个条目进行测量。实验决策情景下的研究结果表明，创业者的失败恐惧调节创业机会形象和创业行为可能性的关系，对于潜在价值较低的机会，失败恐惧程度高的创业者倾向于保留资源而不去冒险。随后，Mitchell & Shepherd(2011)又采用相同的研究方法，分析了失败恐惧的三个维度(害怕降低自我评估价值、害怕让他人烦恼和害怕有不确定的未来)如何调节人力资本和自我效能对创业行为倾向的影响。结果表明，失败恐惧对创业行为的影响显示出双重性，害怕降低自我评估价值和害怕有不确定的未来会阻碍创业，但害怕让他人失望则会产生激励作用。

上述不同视角的研究成果为本研究提供了基础，本书将借鉴失败表现评估量表(Performance Failure Appraisal Inventory, PFAI)的思路和方法，结合农民的创业实际，开发农民创业失败恐惧测量量表。PFAI 不适合直接应用于农民创业失败恐惧的测量。首先，其维度主要反映了失败带来的自尊、自信方面的消极后果，而对于以生存型创业为主的农民创业者来说，他们既害怕成为失败者而遭受心理上的打击，同时也害怕在经济上的损失；其次，其测量条目具有通用性，可以用于测量多种情景下的失败恐惧，如果直接用于农民创业失败恐惧测量，则不具有针对性。因此，本书借鉴 PFAI (Conroy et al., 2002)的思路，结合农民创业的现实情况，开发农民创业失败恐惧量表，共包括害怕经历羞愧和尴尬、害怕影响未来发展和害怕经济损失三个维度，用 10 个题项进行测量，具体见表 4-3。

表 4-3 **农民创业失败恐惧量表**

潜变量	测量题项
害怕经历羞愧和尴尬	a23 如果我创业失败，我会感到很羞愧 a24 如果我创业失败，我会在熟人面前感到尴尬 a25 如果我创业失败，知道的人会嘲笑我
害怕影响未来发展	a26 如果我创业失败，我对未来的发展方向会感到十分迷茫 a27 如果我创业失败，我不知道接下来我该如何就业 a28 如果我创业失败，别人以后不再信任我的能力
害怕经济损失	a29 我担心创业失败后会面临经济损失 a30 我担心创业失败后会面临债务 a31 我担心创业失败后经济条件会下降 a32 我担心创业失败后会影响家人的生活

4.1.2.2 创业自我效能的定义和测量

自我效能是指个体对自己具备完成一个既定任务的能力的信念(Bandura, 1991)。这个信念对于目标的实现非常重要，Wood & Bandura (1989)指出，“如果一个人想获得成功，则他/她不仅应该具备所需的技能，而且对自己能够实现既定目标的能力充满信心”。创业者之所以投入那么多的时间和精力去创业是因为持有能够成功创业的信念(Cooper et al.，1988)。

自我效能具有领域针对性(Bandura，1982)，因此，创业情境中的自我效能被定义为创业自我效能(entrepreneurial self-efficacy)，指个体对自己具备能够成功履行创业者角色和完成创业任务的能力的信念强度(Boyd & Vozikis，1994；Scherer et al.，1989)。基于这一定义，Chen et al.(1998)开发了一个包括市场、创新、管理、风险承担和财务控制等5个维度22个条目的测量量表，这个量表为许多实证研究所借鉴并被不同的学者进行了修改。De Noble et al.(1999)认为Chen(1998)的量表不能很好地区分创业者和管理者，因此他们提出了覆盖创业核心技能的6个维度：风险和不确定性管理技能、创新和产品开发技能、人际关系与网络管理技能、机会识别、关键资源的获取与配置、创新性工作环境的营造和维持，分别用34个条目进行测量。Kickul & D'Intino(2005)分别采用这两个量表进行实证研究，并且比较了这两个量表的聚合效度(convergent validity)和区分效度(discriminant validity)，研究结果表明，与创业意愿相关的自我效能维度包括人际关系和网络技能、不确定性管理技能、产品开发技能和关键资源的获取和配置技能。Forbes(2005)认为，Chen(1998)的量表结构在随后的实证研究中并未得到证实(Drnovsek & Glas，2002)，因此，他对该量表进行了精简，共保留了22个条目中的15个。这15个测量条目后来被Cardon & Kirk(2015)用在创业自我效能和创业坚持关系的实证研究中。Cassar & Friendman(2009)在研究创业自我效能对创业投资决策的影响时，设计了一个包括4个测量条目的量表，具体为“如果我努力工作，我能够成功创业”、“从总体上看，我的技能和能力能够帮助我创业”、“我过去的经验对创业十分有价值”和“我自信我能够付出创业所需的努力”。Cox et al.(2002)把创业过程分为搜寻、计划、启动和完成四个阶段，每个阶段需要完成不同的任务，需要不同的技能，基于此，他们开发了一个包括10个测量条目的量表，包括“能够构思出独特的商业点子”、“能够制订商业计划”、“能够说服其他人投资”和“能够管理企业”等内容。Dempsey & Jennings(2014)在研究创业自我效能的性别差异时使用了该量表。

但有些学者仍使用一般自我效能(General Self-Efficacy, GSE)量表测量创业自我效能。一般自我效能是指个体对自己能够完成广泛的成就情景中的任务所需的总的能力的信念(Urban, 2010)。最初由Sherer(1982)提出, 包括17个测量条目, 简称SGSE量表, 该量表提出后得到广泛应用, 有200余篇公开发表的研究成果使用或引用了这一量表。但Chen et al.(2001)认为, 该量表的结构效度较低, 于是提出了一个新的一般自我效能(NGSE)量表, NGSE的测量条目少于SGSE, 共有8个, 分别为“我能够实现我自己设定的绝大多数目标”、“当面对困难的任务时, 我确信我能够完成它们”、“一般来讲, 我认为我能够获得那些对我来说很重要的结果”、“我相信我会尽最大的努力获得成功”、“我相信我能够成功克服很多挑战”、“我很自信我能有效地完成很多不同的任务”、“和其他人相比, 我能够很好地完成绝大多数任务”和“即使事情非常困难, 我仍然能够完成得很好”。该量表被Mitchell & Shepherd(2010)、Conroy(2001)和Urban(2010)等学者在有关创业自我效能的实证研究中采用。

本书把农民创业自我效能定义为农民创业者对自己具备开发创业机会所需能力的自信程度, 因此, 采用特定自我效能测量量表更为合适。借鉴Chen(1998)量表的主要维度和Forbes(2005)的精简测量条目, 提出农民创业自我效能量表, 包括3个维度, 用8个题项进行测量, 具体见表4-4。

表4-4 **农民创业自我效能量表**

维度	测量题项
市场开拓能力	a33 我能够准确地把握市场的需求和变化 a34 我能够根据市场的变化推出新产品或新服务 a35 我能够根据未来发展需要开辟新市场
经营管理能力	a36 我具有良好的管理能力 a37 我具有良好的计划能力 a38 我具有良好的人际沟通能力

续表

维度	测量题项
风险承担能力	a39 我具有良好的风险承担能力 a40 我能够很好地承受创业过程中的压力和不确定性

4.1.3 农民创业决策的定义与测量

在英文文献中，创业决策除了用 entrepreneurial decision making 表述外，还有其他多种表述方式，如 venture creation decision，new venture decision，entrepreneurs' decisions to exploit opportunities，start-up decision，self-employment choice decision。根据这些不同的表述可以把创业决策的定义归结为三种方式：一是基于新企业创建；二是基于机会开发；三是基于职业选择。中文文献中的创业决策定义也基本上采用这三种方式。

目前对创业决策的研究方法可以归结为两类：一类是实验法，让创业者在一系列假设的情境中决定他们开发机会或创建新企业的可能性，此类研究对创业决策的测量主要采用李克特 5 级或 7 级量表。另一类采用调研法，把创业决策作为二分类变量，"是"代表选择创业，"否"代表不选择创业。

本书中的农民创业决策是指农民在识别创业机会后，是否选择开发该机会。根据该定义，本书采用第二类方法，把农民创业决策作为二分类变量进行测量。

4.1.4 控制变量的测量

控制变量是指除自变量之外，一切能使因变量发生变化的变量。这类变量是应该加以控制的，如果不加控制，它也会造成因变量的变化，即自变量和一些未加控制的因素共同造成了因变量的变化，这被称为自变量的混淆。因此，只有将自变量以外一切能引起因变量变化的变量控制好，才能弄清自变量和因变量的因果关系。

已有的研究表明，创业者的性别（Bates，1995）、年龄（Lachman，1980）、受教育程度（Honig，1998）会影响其创业决策。由于本书主要探索创业机会信念及创业者自我形象对创业决策的影响，因此，这些变量将被设为控制变量，均采用分类变量测量。

4.2 问卷设计原则和过程

本书主要采用问卷调查法获取所需数据。关于问卷设计的原则，众说纷纭，不一而足(钟柏昌、黄峰，2012)。李林梅(1999)认为，问卷设计是否科学、合理，将直接影响问卷的回收率，影响资料的真实性、实用性和有效性，影响整个调查的质量。因此，问卷设计应遵从目的性、可接受性、顺序性、一般性、逻辑性、明确性、非诱导性、简明性和匹配性等原则。李俊(2009)认为，只有掌握了问卷设计的原则和程序，才能灵活运用各种技巧，问卷才能逐步优化。要设计一份相对完善的问卷，需要把握系统性、方便性、科学性、严谨性、趣味性等原则。钟柏昌、黄峰(2012)提出问卷设计要遵循和恪守清晰性、单一性、中立性、简单性、可靠性、间接性、排他性、敏感性、完整性、规范性等原则，以提高问卷的信度和效度。

在综合考虑上述问卷设计原则的基础上，遵循实证研究的步骤，本书调查问卷的设计过程主要包括以下几个步骤：

第一，对研究变量进行定义。

本书基于国内外的相关研究文献，在对理论框架中确定的研究变量的已有定义进行回顾与分析的基础上，结合农民创业的特点，对本书中的研究变量进行了概念界定，从而厘清思路，确定了具体测量问题的设计方向。

第二，对研究变量进行测量设计。

创业作为一个多学科共同研究的领域，研究方法也显示出了多样性，同一个构念的测量也会使用不同的方法。本书在回顾和分析已有测量方法和具体测量问题的基础上，根据本书的研究对象和研究目的，提出了各个研究变量的初始测量题项，形成初始调查问卷。

第三，对初始调查问卷进行预调查。

为了保证问卷的合理性、通俗性和内容效度，本研究首先邀请了创业研究领域的专家、研究人员、硕士研究生，请他们阅读和分析测量题项，对其进行评价，指出其中不妥之处，在此基础上进行了第一次修改；然后，在湖北省英山县温泉镇选择了 20 位农民创业者进行了测试。

第四，形成正式问卷。

通过对预调查数据的分析，把一些学术性较强的语句修改得更加通俗易懂，把一些显得略为冗余的测量题项剔除，最终形成合理的正式问卷。

4.3 正式数据收集与检验

4.3.1 描述性统计分析

正式调查共回收农村非创业者的在线问卷 131 份、农村创业者纸质问卷 247 份，剔除无效问卷 49 份，最终得到有效问卷 329 份，其中：农村非创业者有效问卷 119 份，占全部样本数的 36. 2%；农村创业者有效问卷 210 份，占全部样本数的 63. 8 %。无效问卷的剔除标准为：(1)问卷未填写完整；(2)问卷的答项存在前后矛盾；(3)问卷的答项存在明显应付现象，如整个问卷均选择同一选项，或连续数题均选择同一选项。表 4-5 列出了样本特征的描述性统计分析结果。

参与调查的农村创业者来自黄冈市英山县的 11 个乡镇，基本覆盖了全县的农村地区。从性别来看，男性占 57. 14%，女性占 42. 86%。从年龄分布来看，20～30 岁占 28. 57%，31～40 岁占 35. 71%，41～50 岁占 31. 91%，50 岁以上占 3. 81%。从受教育程度来看，小学及以下占 1. 90%，初中占 34. 76%，中专占 13. 33%，高中占 28. 57%，高中以上占 21. 43%。从行业来看，涉农创业项目占13.33%，非农创业项目占86.67%。涉农创业项目体现出了对当地优势资源的开发利用，有不少创业者从事茶叶的规模化种植及生产加工销售。

参与调查的农村非创业者分别来自荆州、宜昌、襄阳、十堰、孝感、随州、天门、荆门、潜江、仙桃、咸宁、黄石、黄冈、恩施等地，基本覆盖全省。从性别来看，男性占47.06%，女性占52.94%。从年龄分布来看，20～30岁占52.94%，31～40岁占27.73%，41～50岁占15.97%，50岁以上占3.36%。从受教育程度来看，小学及以下占4.20%，初中占31.93%，中专占11.76%，高中占28.57%，高中以上占23.53%。在曾经识别的创业机会中，涉农创业项目占17.65%，非农创业项目占82.35%。农村电商和农村物流等新兴行业均已涉及。

表4-5　　**样本特征的描述性统计**

			样本数(个)	所占百分比(%)
创业者	性别	男	120	57.14%
		女	90	42.86%
	年龄	20～30岁	60	28.57%
		31～40岁	75	35.71%
		41～50岁	67	31.91%
		50岁以上	8	3.81%
	教育程度	小学及以下	4	1.91%
		初中	73	34.76%
		中专	28	13.33%
		高中	60	28.57%
		高中以上	45	21.43%
	创业项目	涉农	28	13.33%
		非农	182	86.67%

续表

			样本数(个)	所占百分比(%)
非创业者	性别	男	56	47.06%
		女	63	52.94%
	年龄	20~30岁	63	52.94%
		31~40岁	33	27.73%
		41~50岁	19	15.97%
		50岁以上	4	3.36%
	教育程度	小学及以下	5	4.21%
		初中	38	31.93%
		中专	14	11.76%
		高中	34	28.57%
		高中以上	28	23.53%
	曾经识别的创业机会	涉农	21	17.65%
		非农	98	82.35%

数据来源：问卷调查。

4.3.2 维度结构的验证

为了验证各变量维度结构是否符合研究设想，本书将通过极大似然估计法进行验性因子分析，分析软件为AMOS21.0。

4.3.2.1 农民创业机会合意性信念验证性因子分析

从图4-1的分析结果来看，各测量题项(a1~a6)的标准化因子负荷值均大于0.5的可接受标准，但从主要的拟合指标来看，数据对两维度模型的拟合程度未达到最优。进一步对备择模型进行检验，结果显示包含测量题项a1、a2、a3、a5的单维度模型拟合优度得到了明显的提升(详见表4-6)，各测量题项的标准化因子负荷值仍大于0.5(图4-2)。因此，农民创业机会合意性信念将通过单维度模型进行测量。

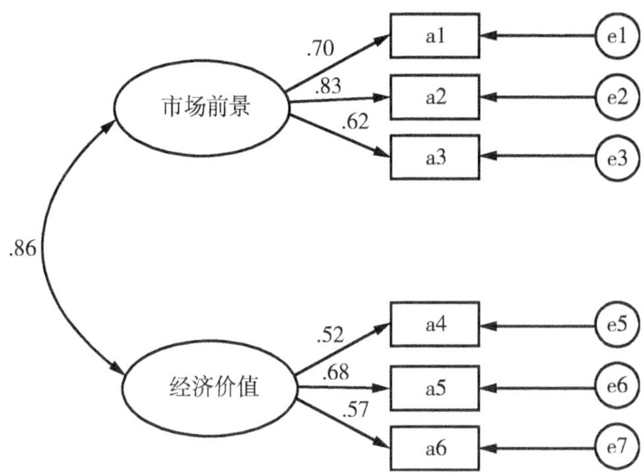

图 4-1 农民创业机会合意性信念两维度模型验证性因子分析

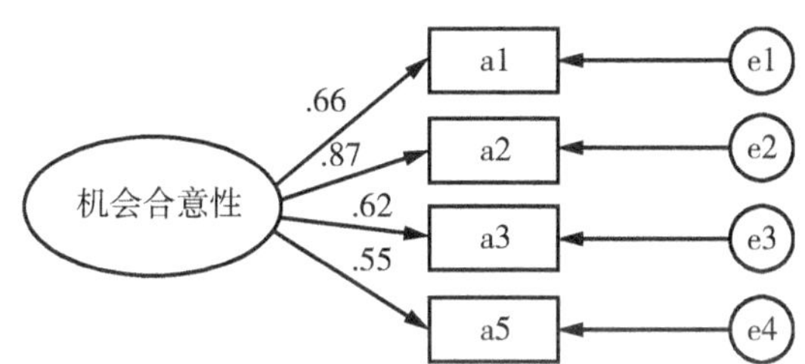

图 4-2 农民创业机会合意性信念单维度模型验证性因子分析

表 4-6 **模型拟合指标**

拟合指标	CMIN/DF	GFI	AGFI	RMSEA	NFI	CFI
评判标准	<4	≥0.9	≥0.8	≤0.08	≥0.8	≥0.9
两维度模型	5.218	0.960	0.895	0.113	0.925	0.937
单维度模型	3.140	0.990	0.952	0.081	0.982	0.988

4.3.2.2 农民创业机会可行性信念验证性因子分析

从图 4-3 的分析结果来看，各测量题项（a7～a22）的标准化因子负荷值均大于 0.5 的可接受标准。从表 4-7 给出的主要拟合指标来看，除了 GFI 值为 0.895，略低于 0.9 之外，其余指标均较佳。

因此，数据与四维度结构具有较好的拟合度。

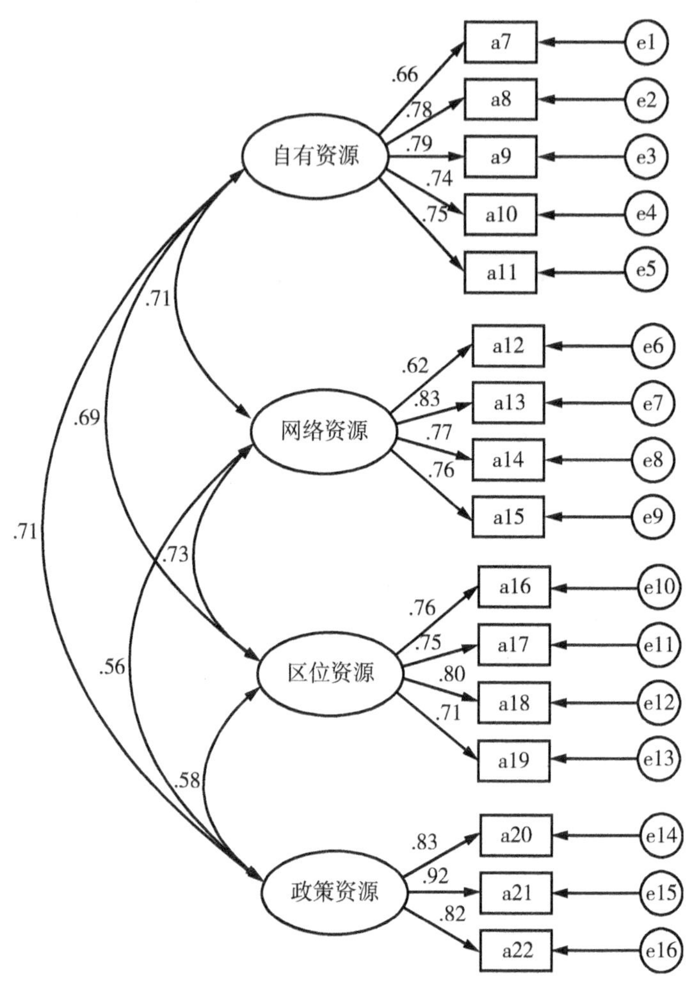

图 4-3　农民创业机会可行性信念验证性因子分析

表 4-7　**模型拟合指标**

拟合指标	CMIN/DF	GFI	AGFI	RMSEA	NFI	CFI
评判标准	<4	≥0.9	≥0.8	≤0.08	≥0.8	≥0.9
四维度模型	3.105	0.895	0.854	0.080	0.902	0.931

4.3.2.3　农民创业失败恐惧验证性因子分析

从图4-4的分析结果来看，各测量题项(a23～a32)的标准化因子负荷值均大于0.5的可接受标准。从表4-8给出的主要拟合指标来看，各指标均较佳。因此，数据与三维度结构具有较好的拟合度。

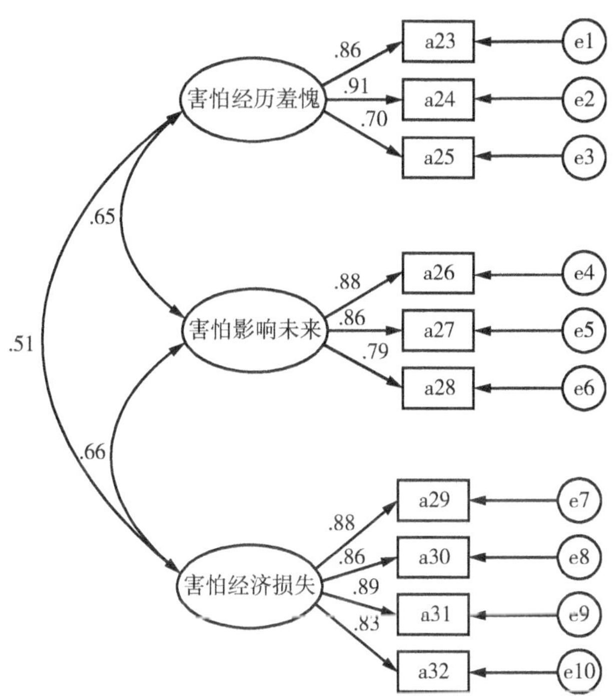

图4-4　农民创业失败恐惧验证性因子分析

表4-8　**模型拟合指标**

拟合指标	CMIN/DF	GFI	AGFI	RMSEA	NFI	CFI
评判标准	<4	≥0.9	≥0.8	≤0.08	≥0.8	≥0.9
三维度模型	2.703	0.951	0.917	0.072	0.964	0.977

4.3.2.4 农民创业自我效能验证性因子分析

从图4-5的分析结果来看，各测量题项(a33~a40)的标准化因子负荷值均大于0.5的可接受标准。从表4-9给出的主要拟合指标来看，除了RMSEA值为0.088，略大于0.8外，其余指标均较佳。因此，数据与三维度结构具有较好的拟合度。另外，对风险承担能力采用两题进行测量的原因作如下说明：就每一因子内的题数而言，一般建议最少三题，以解决识别问题，但当因子互有关联时，可减少至每因子两题，也不致出现不可识别的困难，这下限在颇多研究中也有出现(侯杰泰等，1999)。从三个因子的路径系数来看，三个因子间互有关联，因此，风险承担能力采用两题进行测量是可以的。

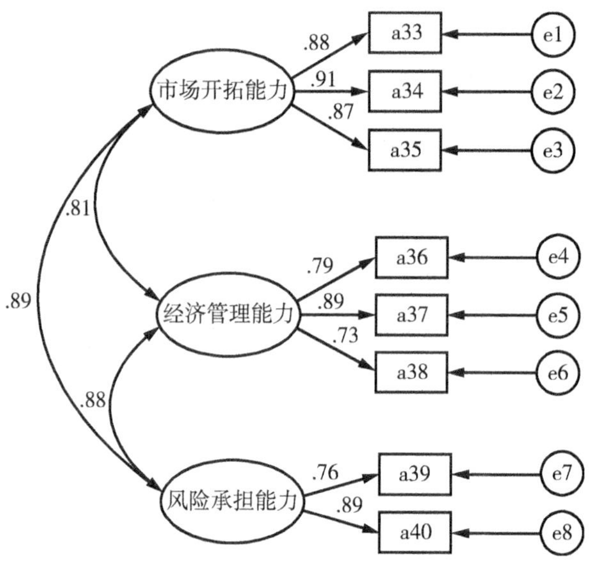

图4-5 农民创业自我效能验证性因子分析

表4-9 **模型拟合指标**

拟合指标	CMIN/DF	GFI	AGFI	RMSEA	NFI	CFI
评判标准	<4	≥0.9	≥0.8	≤0.08	≥0.8	≥0.9
三维度模型	3.522	0.953	0.900	0.088	0.964	0.978

4.3.3 信度检验

信度(reliability)又叫可靠性，是指测验的可靠程度，表现为测验结果的一贯性、一致性、再现性和稳定性，反映测量结果受到随机误差影响的程度，是衡量测验质量的一个重要指标(温忠麟、叶宝娟，2011)。在对量表数据进行分析前，应该先考虑所测量的数值是否可靠，只有信度被接受时，量表的数据分析才是可靠的(徐万里，2008)。

信度检验包括内在信度检验和外在信度检验。内在信度检验是考察多个观测指标是否能够测量同一构念，这些测量指标之间是否具有内在一致性，一致性程度越高，其测量结果的可靠性就越强。外在信度是指在不同的时间对同批被调查者实施重复调查时测量结果是否具有一致性，如果两次测量结果相关性较强，则说明测量指标的概念和内容是清晰的，从而测量结果是可靠的。

由于受客观条件的限制，量表主要进行内在信度检验，最常用的指标为克隆巴赫系数(Cronbach α 系数)，该系数反映了同一构念中的多个指标是否测量了相同或相近的特质，数值介于0~1之间，一般认为达到0.80以上意味着该量表的信度良好，0.70和0.80之间属于可接受的范围，但如果低于0.70就需要修订量表，低于0.60则需要重新设计量表(吴明隆，2010)。

除此之外，组合信度(Composite Reliability，CR)是一个更为严格的信度评估指标(Fornell & Larcker，1981)，可以用测量模型的验证性因子分析(Confirmatory Factor Analysis，CFA)得到的每个指标的标准化因子负荷和标准化误差方差来计算组合信度值。有学者建议CR值最好大于0.60(Bagozzi & Yi，1988)，但也有学者认为CR值大于0.50即可(Ruth，2000)。

本书使用SPSS 19.0软件和AMOS21.0软件对农民创业机会合意性信念量表(根据验证性因子分析结果删除测量题项a4、a6)、农民创业机会可行性信念量表、农民创业失败恐惧量表和农民创业自我效能量表分别进行了信度检验，具体结果见表4-10。从该表所显示的结果可以看出，各维度的Cronbach α 系数除了合意性信念为0.749外，其余均大于0.80；CR值除了合意性信念为0.775外，其余均大于0.80，说明量表具有良好的信度。

表4-10 信度和效度检验

<table>
<tr><th></th><th>因子</th><th>测量题项</th><th>α</th><th>CR</th><th>AVE</th></tr>
<tr><td>合意性信念</td><td></td><td>a1 将要开发的产品生命长久
a2 市场的规模大，销售潜力大
a3 项目所在的行业是新兴行业
a5 能获得持久的利润，毛利率要能够达到10%以上</td><td>0.760
剔除a5
0.749</td><td>0.775
剔除a5
0.765</td><td>0.469
剔除a5
0.527</td></tr>
<tr><td rowspan="4">可行性信念</td><td>自有资源可获取性</td><td>a7 我有一定的创业资金
a8 我有创业所需的经营场地
a9 我有创业所需的生产设备
a10 我在该行业工作过，具有一定的行业经验
a11 我掌握了用该机会进行创业所需要的知识和技能</td><td>0.862</td><td>0.862</td><td>0.556</td></tr>
<tr><td>网络资源可获取性</td><td>a12 我可以雇佣我的亲人和朋友作为我的首批员工
a13 我可以通过亲人和朋友获取各类商业信息
a14 我可以从亲人和朋友那里获得创业指导
a15 我的亲人和朋友可以为我提供或推荐销售渠道</td><td>0.825</td><td>0.835</td><td>0.561</td></tr>
<tr><td>区位资源可获取性</td><td>a16 当地具有良好的交通状况，运输成本较低
a17 当地可以为我的创业提供丰富的原材料
a18 当地已经形成产业群，可以为我的创业提供供货渠道
a19 当地已经形成专业村，可以为我的创业提供销售渠道</td><td>0.842</td><td>0.842</td><td>0.571</td></tr>
<tr><td>政策资源可获取性</td><td>a20 当地政府可以为我提供低息贷款
a21 当地政府可以为我提供税收优惠
a22 当地政府可以为我提供创业培训</td><td>0.887</td><td>0.893</td><td>0.736</td></tr>
</table>

续表

	因子	测量题项	α	CR	AVE
失败恐惧	害怕经历羞愧和尴尬	a23 如果我创业失败，我会感到很羞愧 a24 如果我创业失败，我会在熟人面前感到尴尬 a25 如果我创业失败，知道的人会嘲笑我	0.857	0.866	0.686
	害怕影响未来发展	a26 如果我创业失败，我对未来发展方向会感到迷茫 a27 如果我创业失败，我不知道接下来我该如何就业 a28 如果我创业失败，别人以后不再信任我的能力	0.881	0.881	0.713
	害怕经济损失	a29 我担心创业失败后会面临经济损失 a30 我担心创业失败后会面临债务 a31 我担心创业失败后经济状况会下降 a32 我担心创业失败后会影响家人的生活	0.922	0.923	0.749
自我效能	市场开拓能力	a33 我能够准确地把握市场的需求和变化 a34 我能够根据市场的变化推出新产品或新服务 a35 我能够根据未来发展需要开辟新市场	0.915	0.917	0.787
	经营管理能力	a36 我具有良好的管理能力 a37 我具有良好的计划能力 a38 我具有良好的人际沟通能力	0.842	0.847	0.650
	风险承担能力	a39 我具有良好的风险承担能力 a40 我能够很好地承受创业过程中的压力和不确定性	0.807	0.812	0.685

4.3.4 效度检验

效度(validity)指测量工具能够正确测量出所要测量的特质的程度，分为内容效度(content validity)、效标效度(criterion validity)和建构效度(construct validity)三个主要类型。

内容效度是指测量目标与测量内容之间的适合性与相符性。对内容效度常采用逻辑分析与统计分析相结合的方法进行检验。逻辑分析一般由研究者或专家评判所选题项是否表面上符合测量的目的和要求。

效标效度是指用不同的几种测量方式或不同的指标对同一变量进行测量，并将其中的一种方式作为准则(效标)，用其他的方式或指标与这个准则作比较，如果其他方式或指标也有效，那么这个测量即具备效标效度。使用这种方法的关键在于，作为准则的测量方式或指标一定要有效，否则越比越差。现实中，检验效标效度的方法是相关分析或差异显著性检验，但由于选择一个合适的准则往往十分困难，因而这种方法的应用受到一定的限制。

建构效度是指测量工具反映所要测量的理论结构和特质的程度，也就是说如果问卷调查结果能够测量其理论特征，使调查结果与理论预期一致，那么就认为数据是具有建构效度的。它一般是通过测量结果与理论假设相比较来进行检验。常采用验证性因子分析(Confirmative Factor Analysis，CFA)方法，通过标准化因子负荷值的大小和平均变异数抽取量(Average Variance Extracted，AVE)进行评价，当标准化因子负荷值在0.5~0.95之间、AVE值大于0.5时，意味着建构效度良好。

本研究在预调查阶段采用逻辑分析法进行内容效度检验，具体介绍见4.2小节，在此不再赘述。本部分将采用AMOS21.0软件，通过结构方程模型对问卷的建构效度进行检验。

根据验证性因子分析结果可知，各测量题项的标准化因子负荷值介于0.55与0.92之间，满足0.50~0.95的范围标准。

根据公式$AVE = (\sum \lambda^2)/n$(λ为标准化因子载荷值，n为某因子中的测量题项数目)计算出的AVE值，除了创业机会合意性信念为0.469外，其余均大于0.5。剔除标准化因子负荷值最小的测量题项a5，AVE值增至0.527，符合要求。因此，创业机会合意性采用a1、a2和a3进行测量，分别命名为“产品生命周期、市场潜力和行业前景”。

上述两项分析的结果表明各因子的建构效度良好。

4.4 本章小结

本章首先对农民创业机会合意性信念、可行性信念、创业失败恐惧和创业自我效能测量量表进行了设计。接着通过验证性因子分析对各量表的维度结构进行了验证，结果表明潜在的农民创业者在识别创业机会后，从产品生命周期、市场潜力和行业前景三个方面对创业机会合意性进行评估，进而形成创业机会合意性信念。从自有资源可获取性、网络资源可获取性、区位资源可获取性和政策资源可获取性对创业机会可行性进行评估，进而形成创业机会可行性信念。从害怕经历羞愧与尴尬、害怕影响未来发展和害怕经济损失等三个方面评估自己对创业失败的恐惧感。从是否具备市场开拓能力、经营管理能力和风险承担能力等三个方面来评价自己的创业能力。最后，通过可靠性分析和验证性因子分析对量表进行信度和效度检验，结果表明各量表均具有良好的信度和效度。

创业机会信念与农民创业决策

前述的信度效度检验结果表明调查问卷具有可靠性和有效性，因此，本章将对正式调查数据进行定量分析，探索创业机会信念对农民创业决策的影响机制，从理论上回答“在识别创业机会后，为什么有些农民选择开发创业机会而其他人没有”这一问题。

5.1 模型设定

根据研究框架，构建如下计量模型：

$$FETP = \alpha + \beta_i Explanatory\ Variables + \gamma_j \sum Control\ Variables + \varepsilon$$

其中：*FETP* 是被解释变量，即农民创业决策行为，取值为 0 或 1；*Explanatory Variables* 是解释变量，包括农民创业机会合意性信念和农民创业机会可行性信念；*Control Variables* 是控制变量，包括性别、年龄和受教育程度。

由于农民创业决策是二分类因变量，“1”代表选择开发创业机会，“0”代表未选择开发创业机会。因此，选择二元 Logistic 回归模型对数据进行分析。

在二元 Logistic 回归中，可以直接预测观测量相对于某一事件的发生概率。设因变量为 y，其取值 1 表示事件发生，取值 0 表示事件不发生，记事件发生的条件概率为：$P(1 \mid x_i) = p_i$，包含 n 个自变量的回归模型可以写成：

$$p_i = \frac{e^{\beta_0+\beta_1x_1+\beta_2x_2+\cdots+\beta_nx_n}}{1 + e^{\beta_0+\beta_1x_1+\cdots+\beta_nx_n}}$$

$$1 - p_i = 1 - \frac{e^{\beta_0+\beta_1x_1+\beta_2x_2+\cdots+\beta_nx_n}}{1 + e^{\beta_0+\beta_1x_1+\cdots+\beta_nx_n}}$$

其中 p_i 表示第 i 个观测中事件发生的概率，$1 - p_i$ 表示第 i 个观测中事件不发生的概率。事件发生与不发生之比被称为事件的发生比，记为 *odds*，用公式表示为：$\frac{p}{1-p} = e^{\beta_0+\beta_1x_1+\cdots+\beta_kx_k}$，*odds* 为一正数，并且没有上界。

对 odds 作对数变换，就能得到 Logistic 回归模型的线性形式：

$$\ln\left(\frac{p}{1-p}\right)=\beta_0+\beta_1x_1+\cdots+\beta_nx_n+\varepsilon$$

可以看出，*Logistic* 回归系数可以理解为一个单位自变量的变化对比率的对数的改变值。由发生比可以看出，当第 i 个自变量发生一个单位的变化时，发生比的变化值为 $Exp(b_i)$ 。自变量的系数为正值，意味着事件发生的几率会增加，$Exp(b_i)$ 的值大于 1。变量的系数为负值，意味着事件发生的几率会减少，$Exp(b_i)$ 的值小于 1。

根据上述原理，建立农民创业决策 *Logisitc* 二元回归模型：

$$\ln\left(\frac{p}{1-p}\right)=\alpha_0+\alpha_1DB+\alpha_2FB+\alpha_3GEN+\alpha_4AGE+\alpha_5EDU+\varepsilon_1$$

其中 p 代表农民选择开发创业机会的概率，$1-p$ 代表农民未选择开发创业机会的概率，*DB* 代表创业机会合意性信念，*FB* 代表创业机会可行性信念，*GEN* 代表性别，*AGE* 代表年龄，*EDU* 代表受教育程度，ε_1 代表误差项。

5.2 数据分析与结果

5.2.1 KMO（Kaisex-Meyer-Olkin）和 Bartlett 球形检验（Bartlett Test of Sphericity）

由于自变量需采用因子得分来计算，因此，为了检测测量题项是否可以提取公共因子，需要进行 KMO 和 Bartlett 球形检验。

KMO 检验统计量是用于比较变量间简单相关系数和偏相关系数的指标，取值在 0 和 1 之间。当所有变量间的简单相关系数平方和远远大于偏相关系数平方和时，KMO 值接近 1。KMO 值越接近于 1，意味着变量间的相关性越强，原有变量越适合作因子分析；当所有变量间的简单相关系数平方和接近 0 时，KMO 值接近 0。KMO 值越接近于 0，意味着变量间的相关性越弱，原有变量越不适合作因子分析。

常用的 KMO 度量标准为：0.9 以上表示十分适合；0.8～0.9

表示很适合；0.7～0.8 表示适合；0.6～0.7 表示基本适合；0.5～0.6表示勉强适合；0.5 以下表示不适合。

Bartlett 球形检验是以变量的相关系数矩阵为出发点的，用于判断相关系数矩阵是否为单位阵，即检验各个变量是否各自独立。其统计量是根据相关系数矩阵的行列式得到的。如果该值较大，且其对应的相伴概率值小于设定的显著性水平，那么应该拒绝零假设，认为相关系数不可能是单位阵，即原始变量之间存在相关性，适合于作因子分析。相反则不适合作因子分析。

从表 5-1 的检验结果来看，农民创业机会合意性信念的测量题项 a1～a3 的 KMO 值为 0.661，基本适合进行因子分析，Bartlett 球

表 5-1 **KMO 和 Bartlett 球形检验结果**

测量题项	因子 1	因子 2	因子 3	因子 4	KMO 检验	Bartlett 球形检验	
a1	.795				.661	近似卡方	249.282
a2	.790					df	3
a3	.871					Sig	.000
a7	**.705**	.117	.237	.148	.913	近似卡方	3056.521
a8	**.660**	.275	.226	.318		df	120
a9	**.796**	.109	.299	.175		Sig	.000
a10	**.721**	.286	.101	.218			
a11	**.645**	.386	.083	.293			
a12	.157	**.606**	.279	.137			
a13	.247	**.799**	.159	.226			
a14	.145	**.823**	.195	.094			
a15	.333	**.658**	.257	.163			
a16	.202	.456	**.607**	.165			
a17	.167	.268	**.719**	.229			
a18	.317	.250	**.759**	.074			
a19	.158	.131	**.798**	.193			
a20	.180	.160	.232	**.842**			
a21	.279	.165	.241	**.833**			
a22	.355	.220	.091	**.783**			

形检验的相伴概率值为 0，小于显著性水平 0.01，说明原始变量的相关矩阵不是单位矩阵，符合因子分析的前提条件，适合提取公共因子。

农民创业机会可行性信念的测量题项 a7 ~ a22 的 KMO 值为 0.913，十分适合进行因子分析，Bartlett 球形检验的相伴概率值为 0，小于显著性水平 0.01，说明原始变量的相关矩阵不是单位矩阵，符合因子分析的前提条件，适合提取公共因子。

5.2.2 描述性统计分析

各变量的描述性统计如表 5-2 所示，从表中的数据可以看出，在识别创业机会后，农民创业者与非创业者之间对于创业机会的评价存在明显差异。无论是创业机会合意性还是创业机会可行性，农民创业者的评价均高于非创业者，且独立样本 T 检验在 1%的水平下均显著。这个结果可以初步回答“在识别创业机会后，为什么有些农民选择开发创业机会而其他人没有”这一问题。从具体的维度来看，农民创业者和非创业者对创业机会合意性评价的差异主要取

表 5-2 **主要变量的描述性统计与差异检验**

	全样本		创业者		非创业者		差异检验
	均值	标准差	均值	标准差	均值	标准差	T 检验
创业机会合意性信念	5.210	1.204	5.457	1.061	4.773	1.318	4.841***
· 产品生命周期	5.416	1.475	5.729	1.344	4.866	1.540	5.305***
· 市场潜力	5.213	1.543	5.419	1.466	4.849	1.614	3.268***
· 行业前景	4.581	1.813	4.695	1.836	4.382	1.761	1.527
创业机会可行性信念	4.721	1.271	5.119	1.110	4.020	1.237	8.268***
· 自有资源	4.829	1.454	5.319	1.214	3.965	1.443	9.069***
· 网络资源	4.774	1.412	5.037	1.383	4.311	1.346	4.619***
· 区位资源	4.412	1.524	4.587	1.596	4.102	1.338	2.936***
· 政策资源	4.870	1.781	5.532	1.468	3.703	1.688	10.277***

注：***表示显著水平为 1%（双侧）。

决于产品生命周期是否长久，市场潜力是否巨大，而所处行业是否为新兴行业则影响较小。这可能是因为农民创业还是以传统行业为主，涉及新兴行业的较少。从影响两者对创业机会可行性评价的各项资源来看，农民创业者能够获取的创业资源多于非创业者，其中以政策资源的差异性最为显著，其次是自有资源和网络资源，区位资源的差异性最小。这一方面说明农民创业主要依靠自有资源，另一方面说明在创业扶持政策实施较好的地区，农民创业的积极性也较高。

5.2.3 二元 Logistic 回归结果与分析

为了进一步验证研究假设，本部分通过 SPSS19.0 对数据进行二元 Logisitc 回归分析，其中创业机会合意性信念和创业机会可行性信念为因子变量，性别、年龄和受教育程度为分类变量，分析结果如表 5-3 所示。

模型 1 检验了控制变量对农民创业决策行为的影响。农民的年龄和受教育程度显著影响其创业决策行为，性别的影响不显著。具体来看，和参照年龄组 20~30 岁相比，31~50 岁之间的农民更可能选择创业，主要的原因可能在于处于这一年龄段的农民已拥有较多的创业资源，从而使创业行为更具可行性，这与 Evans 等(1989) 以美国为例研究发现 40 岁以下的年轻人没有足够的时间来积累创业所必需的资本从而导致年轻人创业概率较低的结论基本一致。另外，国内学者程广帅和谭宇(2013)的研究结果也表明 35~45 岁是返乡农民工创业的黄金年龄区间。和参照组小学及以下受教育程度相比，受教育程度为初中、中专、高中及高中以上者选择创业的可能性更大，教育对创业决策的正向影响再次得到了验证。从模型的拟合优度指标来看，Hosmer 和 Lemeshow 检验的 Sig 值为 0.353，大于 0.05，表明模型很好地拟合了数据。

模型 2 检验了创业机会合意性信念和创业机会可行性信念对农民创业决策行为的影响，可以看出，创业机会合意性和创业机会可行性均对农民创业决策具有正向影响，且分别在 10%和 1%的置信水平下显著。因此，假设 1 和假设 2 得到验证。从模型的拟合优度指标来看，Hosmer 和 Lemeshow 检验的 Sig 值为 0.843，大于 0.05，表明模型很好地拟合了数据。

表 5-3　　创业机会信念对农民创业决策的影响

	模型 1	模型 2
常数项	-1.930	-5.702
创业机会合意性信念		0.239*
创业机会可行性信念		0.558***
性别		
·男性(参照组)		
·女性	-0.288	-0.121
年龄		
·20~30 岁(参照组)		
·31~40 岁	2.317***	2.117***
·41~50 岁	1.300***	1.389***
·50 岁以上	0.741	1.172
受教育程度		
·小学及以下(参照组)		
·初中	1.811***	1.772**
·中专	3.289***	3.049***
·高中	3.307***	3.167***
·高中以上	1.224*	1.198
Hosmer 和 Lemeshow 检验	sig 0.353	sig0.843

注：*、**、***分别表示在 10%、5%、1%的水平上显著。

5.3 研究结论

创业决策是农民创业过程中的关键阶段，那么，“在识别创业机会后，为什么有些农民选择开发创业机会而其他人没有”。本章的研究结果表明，创业机会的合意性信念和可行性信念是影响农民创业决策的核心要素。

第一，创业机会合意性信念显著正向影响农民创业决策。创业机会合意性信念主要来源于潜在的农民创业者对产品生命周期和市场潜力的评价，他们青睐产品生命周期长久、市场潜力巨大的创业机会，但目前还主要集中在规模化种植、养殖、批发零售等传统行业进行创业，像农村电子商务、农村物流等新兴产业虽已触及，但所占比重甚小。

第二，创业机会可行性信念显著正向影响农民创业决策。创业机会可行性信念主要来源于潜在的农民创业者对创业资源的可获取性的评价。创业资源的可获取性越强，则创业机会的可行性信念越强，就越有可能作出创业决策。从具体的创业资源类型来看，当前农民创业主要依赖个人和家庭逐渐积累起来的自有资源，但政府的创业支持政策能够起到明显的激励作用。

5.4 本章小结

本章对农民创业机会合意性、可行性量表进行了 KMO 和 Bartlett 球形检验，对变量进行了描述性统计分析和二元 Logistic 回归分析，结果表明创业机会的合意性信念和可行性信念均显著正向影响农民创业决策，从而验证了本书提出的理论假设。

创业机会信念、创业者自我形象与农民创业决策

第 5 章的研究结果已表明创业机会信念与农民创业决策之间存在显著的正向关系。依据前述研究假设，两者间的关系或许会受到创业者自我形象的调节。因此，本章通过定量分析检验创业者自我形象的调节效应。

6.1 模型设定

为了验证创业者自我形象是否调节创业机会信念与农民创业决策之间的关系，研究将创业者自我形象的两个维度(创业失败恐惧和创业自我效能)分别作为调节变量引入二元 Logistic 回归模型。

调节变量是指在自变量和因变量之间出现的改变自变量和因变量之间关系大小和方向的第三变量。引入调节变量可以更精确、更深层次地揭示创业机会信念与农民创业决策的关系在不同条件下的变化及其背后的原因，从而丰富现有的理论。

为了检验调节效应，本研究构建二元 Logistic Moderated 回归模型：

$$\ln\left(\frac{p}{1-p}\right) = \alpha + \beta_i Explanatory\ Variables + \delta_i Explanatory\ Variables \times Moderated\ Variables + \gamma_j \sum Control\ Variables + \varepsilon$$

其中 p 代表农民选择开发创业机会的概率；$1-p$ 代表农民未选择开发创业机会的概率；*Explanatory Variables* 是解释变量，包括农民创业机会合意性信念和农民创业机会可行性信念；*Moderated Variables* 是调节变量，包括创业失败恐惧和创业自我效能；*Control Variables* 是控制变量，包括性别、年龄和受教育程度；*Explanatory Variables* × *Moderated Variables* 为交互项，当交互项的作用显著时，调节效应存在。

6.2 数据分析与结果

6.2.1 KMO (Kaisex-Meyer-Olkin) 和 Bartlett 球形检验 (Bartlett Test of Sphericity)

由于创业失败恐惧和创业自我效能均需采用因子得分来计算，

因此，为了检测测量题项是否可以提取公共因子，需要进行 KMO 和 Bartlett 球形检验。

从表 6-1 的检验结果来看，创业失败恐惧的测量题项 a23～a32 的 KMO 值为 0.885，很适合进行因子分析；Bartlett 球形检验的相伴概率值为 0，小于显著性水平 0.01，说明原始变量的相关矩阵不是单位矩阵，符合因子分析的前提条件，适合提取公共因子。

创业者自我效能的测量题项 a33～a40 的 KMO 值为 0.921，适合进行因子分析；Bartlett 球形检验的相伴概率值为 0，小于显著性水平 0.01，说明原始变量的相关矩阵不是单位矩阵，符合因子分析的前提条件，适合提取公共因子。

表 6-1 **KMO 和 Bartlett 球形检验结果**

测量题项	因子 1	因子 2	因子 3	KMO 检验	Bartlett 球形检验	
a23	**.856**	.248	.158	.885	近似卡方	2367.588
a24	**.883**	.237	.178		df	45
a25	**.721**	.257	.272		Sig	.000
a26	.231	**.835**	.308			
a27	.285	**.794**	.311			
a28	.305	**.798**	.217			
a29	.204	.276	**.835**			
a30	.216	.274	**.821**			
a31	.219	.187	**.880**			
a32	.130	.227	**.847**			
a33	**.725**	.376	.387	.921	近似卡方	1967.112
a34	**.858**	.299	.235		df	28
a35	**.885**	.261	.169		Sig	.000
a36	.230	**.829**	.253			
a37	.442	**.700**	.308			
a38	.287	**.777**	.205			
a39	.285	.338	**.869**			
a40	.596	.378	**.541**			

6.2.2 描述性统计分析

各变量的描述性统计如表 6-2 所示，从表中的数据可以看出，农民创业者与非创业者之间对于创业失败的恐惧感和对自己创业能力的信心存在明显差异。与创业者相比，非创业者的创业失败恐惧感更强，对自己的创业能力也缺乏足够的信心，这就阻碍了他们在识别创业机会后进一步实施创业行为。

表 6-2　　**主要变量的描述性统计与差异检验**

	全样本		创业者		非创业者		差异检验
	均值	标准差	均值	标准差	均值	标准差	T 检验
创业失败恐惧	3.556	1.396	3.328	1.358	3.959	1.379	-4.027***
·害怕经历羞愧和尴尬	3.338	1.623	3.097	1.623	3.765	1.541	-3.651***
·害怕影响未来发展	3.311	1.661	2.989	1.649	3.879	1.529	-4.932***
·害怕经济损失	4.120	1.691	3.899	1.719	4.233	1.626	-1.728*
创业自我效能	5.045	1.244	5.351	1.114	4.505	1.282	6.254***
·市场开拓能力	4.971	1.435	5.257	1.388	4.465	1.381	4.982***
·经营管理能力	5.214	1.281	5.554	1.140	4.613	1.299	6.830***
·风险承担能力	4.950	1.396	5.241	1.292	4.437	1.431	5.209***

注：*、***分别表示显著水平为 10%、1%（双侧）。

6.2.3 二元 Logistic Moderated 回归结果与分析

表 6-3 给出了创业失败恐惧在创业机会信念与农民创业决策间的调节作用。

如模型 1 所示，在控制各种影响农民创业决策的因素后，创业失败恐惧对农民创业决策具有负向影响(-0.345)，且在 1%的置信水平下显著。

模型 2 显示了创业失败恐惧在创业机会合意性和农民创业决策间的调节作用，由创业失败恐惧与创业机会合意性的交互性为负(-0.058)，且在 1%置信水平下显著可判断，创业失败恐惧能够减弱创业机会合意性信念对农民创业决策的影响，假设3a得到了验证。

模型3显示了创业失败恐惧在创业机会可行性和农民创业决策间的调节作用，由创业失败恐惧与创业机会可行性的交互项为负(-0.095)，且在1%置信水平下显著可判断，创业失败恐惧能够减弱创业机会可行性信念对农民创业决策的影响，假设3b得到了验证。

表6-3　**创业失败恐惧调节下创业机会信念对农民创业决策的影响**

	模型1	模型2	模型3
常数项	-0.494	-4.059	-4.878
创业失败恐惧	-0.345***		
创业机会合意性信念		0.678***	
创业失败恐惧×创业机会合意性信念		-0.058***	
创业机会可行性信念			1.075***
创业失败恐惧×创业机会可行性信念			-0.095***
性别			
·男性(参照组)			
·女性	-0.307	-0.211	-0.170
年龄			
·20~30岁(参照组)			
·31~40岁	2.262***	2.249***	2.000***
·41~50岁	1.344***	1.497***	1.396***
·50岁以上	0.759	0.943	1.258
受教育程度			
·小学及以下(参照组)			

续表

	模型 1	模型 2	模型 3
·初中	1.645**	1.511**	1.496**
·中专	3.068***	2.876***	2.688***
·高中	3.232***	3.053***	3.037***
·高中以上	1.029	0.834	0.887
Hosmer 和 Lemeshow 检验	sig 0.038	sig 0.261	sig 0.380

注：**、***分别表示在5%、1%的水平上显著。

表6-4给出了创业自我效能在创业机会信念与农民创业决策间的调节作用。

如模型1所示，在控制各种影响农民创业决策的因素后，创业自我效能对农民创业决策具有正向影响(0.623)，且在1%的置信水平下显著。

模型2显示了创业自我效能在创业机会合意性和农民创业决策间的调节作用，由创业自我效能与创业机会合意性的交互性为正(0.091)，且在1%置信水平下显著可判断，创业自我效能能够加强创业机会合意性信念对农民创业决策的影响，假设4a得到验证。

模型3显示了创业自我效能在创业机会可行性和农民创业决策间的调节作用，由创业自我效能与创业机会可行性的交互项为正(0.072)，且在5%置信水平下显著可判断，创业自我效能能够加强创业机会可行性信念对农民创业决策的影响，假设4b得到验证。

表6-4　**创业自我效能调节下创业机会信念对农民创业决策的影响**

	模型 1	模型 2	模型 3
常数项	−5.247	−3.881	−4.482
创业自我效能	0.623***		
创业机会合意性信念		0.132	

续表

	模型 1	模型 2	模型 3
创业自我效能×创业机会合意性信念		0.091***	
创业机会可行性信念			0.151
创业自我效能×创业机会可行性信念			0.072**
性别			
·男性(参照组)			
·女性	-0.159	-0.101	-0.081
年龄			
·20~30 岁(参照组)			
·31~40 岁	2.291***	2.337***	2.184***
·41~50 岁	1.497***	1.534***	1.424***
·50 岁以上	1.109	0.986	1.196
受教育程度			
·小学及以下(参照组)			
·初中	1.931**	1.886**	1.848**
·中专	3.367***	3.346***	3.228***
·高中	3.424***	3.409***	3.330***
·高中以上	1.347*	1.379*	1.356
Hosmer 和 Lemeshow 检验	sig0.902	sig0.898	sig 0.482

注：**、***分别表示在 5%、1%的水平上显著。

6.3 研究结论

创业者自我形象建立在对自身认知和评价的基础上，表现为创业失败恐惧和创业自我效能，同创业决策和行为密切相关。那么，创业者自我形象如何影响农民创业决策呢？本章的研究结果表明，创业者自我形象调节创业机会信念和农民创业决策间的关系。

第一，创业失败恐惧减弱了创业机会信念对农民创业决策的正向影响。在识别创业机会后，即使面对合意性和可行性相同的创业机会，创业失败恐惧程度不同的潜在农民创业者也会作出不同的创业选择。因为创业失败会带来心理压力和经济损失等消极结果，因此，那些创业失败恐惧程度高的农民，选择创业的可能性较小。

第二，创业自我效能加强了创业机会合意性信念对农民创业决策的正向影响。在识别创业机会后，具有高自我效能的潜在农民创业者更可能作出创业选择。因为他们相信自己已具备进行创业的必要能力，能够胜任各种创业角色和任务，因此，更可能采取创业行动。

6.4 本章小结

本章对农民创业失败恐惧、创业自我效能量表进行了 KMO 和 Bartlett 球形检验，对变量进行了描述性统计分析和二元 Logistic Moderated 回归分析。结果表明，创业失败恐惧减弱了创业机会信念对农民创业决策的正向影响，创业自我效能加强了创业机会信念对农民创业决策的正向影响，从而验证了本书提出的理论假设。

7 研究结论与启示

7.1　主要结论

在“大众创业、万众创新”的重要战略部署下，农民创业意义重大。一方面，发展现代农业需要培育创业型农民，使之成为新型农业经营主体；另一方面，新农村建设需要通过创业激发经济活力。因此，如何激励更多的农民自发创业，促使更多创业行为的发生，是政府和学者关注的问题。

对于“三农”问题表现突出的传统农区来说，更应该充分发挥农民的创造性和创业激情，通过创业激发农村经济活力，加快传统农业社会向现代工业社会的转型。因此，如何激励传统农区的农民自发创业，促使更多创业行为的发生，是一个非常值得研究的课题。

相对于丰富的创业研究而言，关于农民创业决策的研究成果显得数量有限，特别是基于创业机会视角的研究尚未看到，而创业是创业者和创业机会相互作用的动态过程，如果想完整地理解创业过程，就不能把两者割裂开来。鉴于此，本书基于个体—机会关系范式，构建了传统农区农民创业决策行为的理论框架，并利用实地调查数据进行了实证研究，研究结论表明：

(1)创业机会信念是影响农民创业决策的关键要素。在识别创业机会后，潜在的农民创业者不会马上实施创业行为，而是先对机会的潜在价值、创业资源的可获取性以及自己的创业能力和动机进行评估，只有当他们形成了创业机会的合意性信念和可行性信念时，才有可能选择创业。

(2)创业机会合意性信念主要来源于潜在的农民创业者对产品生命周期和市场潜力的评价，他们青睐产品生命周期长久、市场潜力巨大的创业机会，但目前还主要集中在规模化种植、养殖、批发零售等传统行业进行创业，像农村电子商务、农村物流等新兴产业虽已有触及，但所占比重甚小。

(3)创业机会可行性信念主要来源于潜在的农民创业者对创业

资源的可获取性的评价。创业资源的可获取性越强，创业机会的可行性信念越强，越有可能选择创业。从具体的创业资源类型来看，当前农民创业主要依赖于其自身逐渐积累的经济资本、人力资本和社会资本，但政府的创业支持政策能够起到明显的激励作用。

(4)创业失败恐惧抑制了潜在的农民创业者对创业的选择。在识别创业机会后，即使面对合意性和可行性相同的创业机会，创业失败恐惧程度不同的农民也会作出不同的创业选择。因为创业失败会带来心理压力和经济损失等消极结果，那些创业失败恐惧程度高的农民，选择创业的可能性较小。

(5)创业自我效能加强了潜在的农民创业者对创业的选择。在识别创业机会后，具有高自我效能的农民更可能选择创业。因为他们相信自己已具备进行创业的必要能力，能够胜任各种创业角色和任务，在创业机会具备合意性和可行性的前提下，他们更可能实施创业行为。

总体而言，本书从创业机会视角审视农民创业决策，将理论分析和实证研究有效地结合起来，基于我国传统农区的经济社会特征，回答了“在识别创业机会后，农民将在哪些方面对创业机会进行评估，进而形成创业机会信念”、“创业机会信念与农民创业决策之间存在何种内在机制”、“创业者对自我的认知与评价(创业者自我形象)如何影响创业机会信念与农民创业决策之间的关系”等问题，在理论上阐释了创业机会对农民创业决策的内在影响机制。

7.2 启示

对于中西部传统农区来说，农民创业有利于化解村庄空心化、劳动力弱质化以及留守儿童问题，也有利于带动就业、推动农村工业化。因此，基于农民创业决策机理可以制定相应的创业激励和扶持政策，让那些识别创业机会的农民进一步选择开发创业机会，增强农村地区的创业活跃度，逐渐形成大众创业的良好氛围，激发农村发展的内在活力。

第一，创业意愿是创业行为产生的最好预测指标。而当前农村创业意愿不强，动力不足，农村创业尚处于自发、起步阶段，因此，加强农民创业意识的培育是创业激励的首要环节。对于政府部门而言，需要积极营造支持性的创业氛围，弘扬创业精神，大力宣传创业榜样，激发农村创业的激情。

第二，识别创业机会是创业行为发生的必要条件，而很多农民受限于自身所拥有的信息量和知识量，无法很好地识别创业机会。因此，要对有创业意愿的农民进行创业机会识别能力的培育，通过系统创业课程、特定主题讲座、创业榜样经验交流等方式，让他们了解创业机会的特征，掌握创业机会识别的方法，关注影响创业机会识别的因素，最终具备识别创业机会的能力。

第三，识别创业机会是创业行为发生的必要条件，但并不必然导致创业行为的发生。识别创业机会后的潜在农民创业者最终是否选择开发创业机会，很大程度上取决于他对该创业机会的评估结果。因此，要对潜在的农民创业者进行创业机会评估技能的培训，让他们掌握创业机会评估的内容与方法，知晓从哪些方面来判断一个机会的价值、如何评价自己与创业机会的匹配性、怎样撰写商业计划书等，最终具备合理评估创业机会、正确把握创业机会的能力。

第四，创业是一项高风险的活动，失败率极高。对于以生存型创业为主的农民创业者来说，创业失败不仅意味着心理上的打击，还意味着无法承受的经济损失，因此，对于创业失败的恐惧往往让他们止步不前。这就需要根据其恐惧根源，提供专业的指导与帮助，例如创业风险评估、商业计划书审核、创业问题应对方案、创业帮扶等，以此来减轻他们的创业恐惧，提高他们实施创业行动的可能性。

第五，创业者需要具备能够履行创业者角色和完成创业任务的各种能力，而具备创业能力也会增强创业者的自信心。因此，需要从市场开拓、经营管理和风险承担等方面培育和提升农民的创业能力，以有效加强潜在的农民创业者对创业的选择。市场开拓能力包括对市场需求和变化的把握、根据市场的变化对产品或服务的创新以及根据发展需要对新市场的开辟等能力；经营管理能力是指对整个生产经营活动进行计划、组织、指挥、协调、控制，并对员工进行有效激励等综合能力；风险承担能力是指创业者要具有坚毅的拼搏精神，能够承担创业过程中遇到的风险、压力和不确定性，不畏艰辛，砥砺前行。

第六，创业需要具备各种创业资源，但当前农民创业还主要依赖于个人和家庭逐渐积累起来的自有资源。由于农民家庭财富积累水平和家庭总收入普遍不高，商业信息渠道有限，因此，创业资源不足已成了当前农民创业面临的主要约束之一。这就需要政府通过提供政策资源予以补充，包括政策性贷款、商业信息共享平台、区域性农产品品牌建设与销售推广、基础设施建设等。

7.3 研究局限

基于创业机会视角的农民创业决策研究是一个尚处于探索阶段的课题，尽管本书遵循科学规范的研究范式，笔者也付出了很大的努力和心血，但受客观条件及本人研究能力的限制，本研究还存在着一些缺憾和不足，主要表现在以下几个方面：

(1)在调查数据来源上，受时间精力及调研渠道等主客观因素的制约，本研究对农民创业者的调查主要在湖北省黄冈市英山县完成，今后还需要扩展调查区域和调查样本，以进一步验证研究结论的一般性，完善研究成果。

(2)本研究对农民创业机会信念和创业者自我形象的调查均为回顾性数据，这可能会因被调查者的遗忘而导致数据偏差，从而影响研究结果的精确性。未来研究可考虑对有创业意愿的潜在农民创业者进行纵向的跟踪调查，以更清晰、更准确地探索创业机会信念、创业者自我形象对农民创业决策的影响关系。

(3)本研究对创业机会合意性的测量目前只有 3 个题项，还不够深入。未来可通过深度访谈，运用扎根理论方法进行更深层次的挖掘，确定创业机会合意性的理论维度，探究其与农民创业决策的关系，以进一步丰富研究成果。

总之，这些缺憾和不足将成为笔者后续研究改进和努力的主要方向，也衷心希望有更多的学者和专家参与到这一领域的研究和探讨中来。

附　　录

附录 1

农民创业决策调查问卷(非创业者)

被访者编号:
市(县):
乡(镇):
村:
访谈日期:
访谈时间:______ 时______ 分至______ 时______ 分
调查员签字:
调查员联络电话:

请告诉受访者:"感谢您接受我们的调查。本次调查纯属学术研究的需要，将采用不记名的方式，绝对不会泄露个人信息，所得数据也只限于学术研究使用。感谢您的支持和帮助。"

说明:在下面的问题中，有选项的请直接打"√"，没有选项的请按照实际情况填写。

第一部分　个人背景

1. 性别：①男；②女
2. 年龄：①20～30岁；②31～40岁；③41～50岁；④50岁以上
3. 受教育程度：①小学；②初中；③中专；④高中；⑤高中以上
4. 职业(目前做什么工作)：①务农(家庭小规模)；②本地打工；③外地打工；④其他____(请填写)
5. 目前的非农工作年数：__________年(请填写)
6. 您是否发现过创业机会(创业项目)？①是；②否
7. 请您具体说明发现的创业机会是什么？____________________________(请填写距离目前时间最近的创业机会)
8. 该创业机会是哪一年发现的？__________(请填写具体年份)

第二部分　创业机会信念

当年您发现创业机会(创业项目)后，您对该创业机会(创业项目)作出了怎样的评价，请在下列表述中选择最能代表当时对机会评价情况的数字进行打分。选项数字1至7表示从不符合至符合，肯定程度依次加强，具体为：1. 完全不符合；2. 不符合；3. 较不符合；4. 不确定；5. 较符合；6. 符合；7完全符合。

A：创业机会合意性信念		1完全不符合→7完全符合						
序号	问　项	得　分						
1	将要开发的产品生命长久	1	2	3	4	5	6	7
2	市场规模大，销售潜力大	1	2	3	4	5	6	7
3	项目所在的行业是新兴行业	1	2	3	4	5	6	7
4	顾客可以接受产品或服务，愿意为此付费	1	2	3	4	5	6	7
5	能获得持久的毛利，毛利率能够达到10%以上	1	2	3	4	5	6	7
6	实现盈亏平衡所需要的时间在2年以下	1	2	3	4	5	6	7

续表

B：创业机会可行性信念		1 完全不符合→7 完全符合						
序号	问　项	得　分						
7	我有一定的创业资金	1	2	3	4	5	6	7
8	我有创业所需的经营场地	1	2	3	4	5	6	7
9	我有创业所需的生产设备	1	2	3	4	5	6	7
10	我在该行业工作过，具有一定的行业经验	1	2	3	4	5	6	7
11	我掌握了用该机会进行创业所需要的知识和技能	1	2	3	4	5	6	7
12	我可以雇佣我的亲人和朋友作为我的首批员工	1	2	3	4	5	6	7
13	我可以通过亲人和朋友获取各类商业信息	1	2	3	4	5	6	7
14	我可以从亲人和朋友那里获得创业指导	1	2	3	4	5	6	7
15	我的亲人和朋友可以为我提供或推荐销售渠道	1	2	3	4	5	6	7
16	当地具有良好的交通状况，运输成本较低	1	2	3	4	5	6	7
17	当地可以为我的创业提供丰富的原材料	1	2	3	4	5	6	7
18	当地已经形成产业群，可以为我创业提供供货渠道	1	2	3	4	5	6	7
19	当地已经形成专业村，可以为我创业提供销售渠道	1	2	3	4	5	6	7
20	当地政府可以为我提供低息贷款	1	2	3	4	5	6	7
21	当地政府可以为我提供税收优惠	1	2	3	4	5	6	7
22	当地政府可以为我提供创业培训	1	2	3	4	5	6	7

第三部分　创业者自我形象

当年您发现创业机会（创业项目）后，您是如何考虑创业失败的后果及评价自己的创业能力，请在下列表述中选择最能代表当时情况的数字进行打分。选项数字 1 至 7 表示从不符合至符合，肯定程度依次加强，具体为：1. 完全不符合；2. 不符合；3. 较不符合；4. 不确定；5. 较符合；6. 符合；7 完全符合。

C：创业失败恐惧		1完全不符合→7完全符合						
序号	问　项	得　分						
23	如果我创业失败，我会感到很羞愧	1	2	3	4	5	6	7
24	如果我创业失败，我会在熟人面前感到尴尬	1	2	3	4	5	6	7
25	如果我创业失败，知道的人会嘲笑我	1	2	3	4	5	6	7
26	如果我创业失败，我对未来的发展方向会感到十分迷茫	1	2	3	4	5	6	7
27	如果我创业失败，我不知道接下来我该如何就业	1	2	3	4	5	6	7
28	如果我创业失败，他人以后不再相信我的能力	1	2	3	4	5	6	7
29	我担心创业失败后会面临经济损失	1	2	3	4	5	6	7
30	我担心创业失败后会面临债务	1	2	3	4	5	6	7
31	我担心创业失败后经济状况会下降	1	2	3	4	5	6	7
32	我担心创业失败后会影响家人的生活	1	2	3	4	5	6	7
D：创业自我效能		1完全不符合→7完全符合						
序号	问　项	得　分						
33	我能够准确地把握市场的需求和变化	1	2	3	4	5	6	7
34	我能够根据市场的变化推出新产品或新服务	1	2	3	4	5	6	7
35	我能够根据未来发展需要开辟新市场	1	2	3	4	5	6	7
36	我具有良好的管理能力	1	2	3	4	5	6	7
37	我具有良好的计划能力	1	2	3	4	5	6	7
38	我具有良好的人际沟通能力	1	2	3	4	5	6	7
39	我具有良好的风险承担能力	1	2	3	4	5	6	7
40	我能够很好地应对创业过程中的压力及不确定性	1	2	3	4	5	6	7

问卷到此结束，感谢您的参与，请您检查以上各项是否有遗漏。

武汉纺织大学管理学院农民创业决策研究课题组

2016年3月

附录 2

农民创业决策调查问卷(创业者)

被访者编号：
市(县)：
乡(镇)：
村：
访谈日期：
访谈时间：______时______分至______时______分
调查员签字：
调查员联络电话：

请告诉受访者："感谢您接受我们的调查。本次调查纯属学术研究的需要，将采用不记名的方式，绝对不会泄露个人信息，所得数据也只限于学术研究使用。感谢您的支持和帮助。"

说明：

1. 在下面的问题中，有选项的请直接打"√"，没有选项的请按照实际情况填写。

2. 调查对象：

①农村地区的规模化农业生产经营者。包括专业大户、家庭农场的主要经营者、农民专业合作社的领办人和具有一定生产经营规模的参与者。

②农村地区各类工商企业(含个体工商户)的创始人(包括合伙创始人)，但不包括农民的一些简单经营行为如摆地摊以及从事简单农村服务的微小实体如小卖店、维修店等。

第一部分　个人背景

1. 性别：①男；②女
2. 年龄：①20~30岁；②31~40岁；③41~50岁；④50岁以上
3. 受教育程度：①小学；②初中；③中专；④高中；⑤高中以上
4. 您目前具体的创业项目是______________________________ __________（请填写）
5. 该创业项目是从哪一年开始的？__________________（请填写具体年份）

第二部分　创业机会信念

当年您发现创业机会（创业项目）后，您对该创业机会（创业项目）作出了怎样的评价，请在下列表述中选择最能代表当时对机会评价情况的数字进行打分。选项数字1至7表示从不符合至符合，肯定程度依次加强，具体为：1. 完全不符合；2. 不符合；3. 较不符合；4. 不确定；5. 较符合；6. 符合；7完全符合。

A：创业机会合意性信念		1完全不符合→7完全符合						
序号	问　项	得　分						
1	将要开发的产品生命长久	1	2	3	4	5	6	7
2	市场规模大，销售潜力大	1	2	3	4	5	6	7
3	项目所在的行业是新兴行业	1	2	3	4	5	6	7
4	顾客可以接受产品或服务，愿意为此付费	1	2	3	4	5	6	7
5	能获得持久的毛利，毛利率能够达到10%以上	1	2	3	4	5	6	7
6	实现盈亏平衡所需要的时间在2年以下	1	2	3	4	5	6	7

续表

B：创业机会可行性信念		1完全不符合→7完全符合						
序号	问　项	得　分						
7	我有一定的创业资金	1	2	3	4	5	6	7
8	我有创业所需的经营场地	1	2	3	4	5	6	7
9	我有创业所需的生产设备	1	2	3	4	5	6	7
10	我在该行业工作过，具有一定的行业经验	1	2	3	4	5	6	7
11	我掌握了用该机会进行创业所需要的知识和技能	1	2	3	4	5	6	7
12	我可以雇佣我的亲人和朋友作为我的首批员工	1	2	3	4	5	6	7
13	我可以通过亲人和朋友获取各类商业信息	1	2	3	4	5	6	7
14	我可以从亲人和朋友那里获得创业指导	1	2	3	4	5	6	7
15	我的亲人和朋友可以为我提供或推荐销售渠道	1	2	3	4	5	6	7
16	当地具有良好的交通状况，运输成本较低	1	2	3	4	5	6	7
17	当地可以为我的创业提供丰富的原材料	1	2	3	4	5	6	7
18	当地已经形成产业群，可以为我创业提供供货渠道	1	2	3	4	5	6	7
19	当地已经形成专业村，可以为我创业提供销售渠道	1	2	3	4	5	6	7
20	当地政府可以为我提供低息贷款	1	2	3	4	5	6	7
21	当地政府可以为我提供税收优惠	1	2	3	4	5	6	7
22	当地政府可以为我提供创业培训	1	2	3	4	5	6	7

第三部分　创业者自我形象

当年您发现创业机会(创业项目)后，您是如何考虑创业失败的后果及评价自己的创业能力，请在下列表述中选择最能代表当时情况的数字进行打分。选项数字1至7表示从不符合至符合，肯定程度依次加强，具体为：1. 完全不符合；2. 不符合；3. 较不符合；4. 不确定；5. 较符合；6. 符合；7完全符合。

C：创业失败恐惧		1完全不符合→7完全符合						
序号	问　　项	得　分						
23	如果我创业失败，我会感到很羞愧	1	2	3	4	5	6	7
24	如果我创业失败，我会在熟人面前感到尴尬	1	2	3	4	5	6	7
25	如果我创业失败，知道的人会嘲笑我	1	2	3	4	5	6	7
26	如果我创业失败，我对未来的发展方向会感到十分迷茫	1	2	3	4	5	6	7
27	如果我创业失败，我不知道接下来我该如何就业	1	2	3	4	5	6	7
28	如果我创业失败，他人以后不再相信我的能力	1	2	3	4	5	6	7
29	我担心创业失败后会面临经济损失	1	2	3	4	5	6	7
30	我担心创业失败后会面临债务	1	2	3	4	5	6	7
31	我担心创业失败后经济状况会下降	1	2	3	4	5	6	7
32	我担心创业失败后会影响家人的生活	1	2	3	4	5	6	7
D：创业自我效能		1完全不符合→7完全符合						
序号	问　　项	得　分						
33	我能够准确地把握市场的需求和变化	1	2	3	4	5	6	7
34	我能够根据市场的变化推出新产品或新服务	1	2	3	4	5	6	7
35	我能够根据未来发展需要开辟新市场	1	2	3	4	5	6	7
36	我具有良好的管理能力	1	2	3	4	5	6	7
37	我具有良好的计划能力	1	2	3	4	5	6	7
38	我具有良好的人际沟通能力	1	2	3	4	5	6	7
39	我具有良好的风险承担能力	1	2	3	4	5	6	7
40	我能够很好地应对创业过程中的压力及不确定性	1	2	3	4	5	6	7

问卷到此结束，感谢您的参与，请您检查以上各项是否有遗漏或疏忽。

武汉纺织大学管理学院农民创业决策研究课题组

2016年3月

参考文献

Ahmed, S.U., Islam, N.& Afrin, S. A multivariate model of micro credit and rural women entrepreneurship development in Bangladesh[J]. International Journal of Business and Management, 2009, 3(8):69-185

Ajzen, I. The theory of planned behavior [J]. Organizational Behavior and Human Decision Processes, 1991, 50(2): 179-211

Alba-Ramirez, A. Self-employment in the midst of unemployment: the case of Spain and the United States[J]. Applied Economics, 1994, 26(3):189-204

Aldrich, H. E. & Cliff, J. E. The pervasive effects of family on entrepreneurship: toward a family embeddedness perspective [J]. Journal of Business Venturing, 2003, 18(5): 573-596

Alsos G. A., Ljunggren E. & Pettersen L. T. Farm-based entrepreneurs: what triggers the start-up of new business[J]. Journal of Small Business and Enterprise Development, 2003, 10(4):435-443

Amit, R., Muller, E. & Cockburn, I. Opportunity costs and entrepreneurial activity [J]. Journal of Business Venturing, 1995, 10 (2):95-106

Ardichvili, A., Cardozo, R. & Ray, S. A theory of entrepreneurial opportunity identification and development [J]. Journal of Business Venturing, 2003, 18 (1): 105-123

Arenius, P. & Minniti, M. Perceptual variables and nascent entrepreneurship [J]. Small Business Economics, 2005, 24 (3): 233-247

Armour, H.O. & Teece, D.J. Organization structure and economic performance: a test of multidivisional hypothesis [J]. Bell Journal of Economics, 1978, 9(1):106-122

Audretsch, D.B. & Acs, Z.J. New firm start-ups, technology and macroeconomics fluctuations[J]. Small Business Economics, 1994, 6 (1): 439-449

Autio, E., Dahlander, L. & Frederidsen, L. Information exposure, opportunity evaluation, and entrepreneurial action: an investigation of an online user community[J]. Academy of Management Journal,2013, 56 (5): 1348-1371

Autio, E. & Pathak, S. Entrepreneur's exit experience and entrepreneurial growth aspirations [J]. Frontiers of Entrepreneurship Research,2010,30(5):1-16

Bagozzi, R. R & Yi, Y. On the evaluation of structural equation models[J]. Journal of the Academy of Marketing Seienee, 1988, 16 (1):74-94

Baker, T. & Nelson, R. Creating something from nothing: resource construction through entrepreneurial bricolage [J]. Administrative Science Quarterly, 2005,50(3): 329-366

Bandura, A. Self-efficacy mechanism in human agency [J]. American Psychologist,1982,37(2): 122-147

Bandura, A. Social cognitive theory of self-regulation [J]. Organizational Behavior and Human Decision Processes, 1991,50(2): 248-287

Bandura, A. Social cognitive theory: an agentic perspective[J]. Annual Review of Psychology,2001, 52(1): 1-26

Barney, J. Firm resources and sustained competitive advantage[J]. Journal of Management, 1991, 17(1): 99-120

Baron, R. A. & Ensley, M. D. Opportunity recognition as the detection of meaningfulpatterns: evidence from comparisons of novice and experienced entrepreneurs[J]. Management Science,2006,52 (9): 1331-1344

Baron,R.A. Cognitive mechanisms in entrepreneurship: why and when entrepreneurs think differently than other people[J]. Journal of Business Venturing, 1998,13(4): 275-294

Baron, R. A. The cognitive perspective: a valuable tool for answering entrepreneurship's basic "why" questions [J]. Journal of Business Venturing, 2004,19 (2): 221-239

Barreto I. Solving the entrepreneurial puzzle: the role of

entrepreneurial interpretation in opportunity formation and related processes[J]. Journal of Management Studies, 2012, 49(2): 356-380

Basow, S., & Howe, K. Role-model influence: effects of sex and sex-role attitude in college students [J]. Psychology of Women Quarterly, 1980(4):558-572

Bates, T. Self-employment entry across industry groups[J]. Journal of Business Venturing, 1995, 10(2): 143-156

Becker, G. S. Human capital[M].New York: Columbia University Press, 1975

Begley, T., Tan, W.L. & Schoch, H. Politico-economic factors associated with interest in starting a business: a multi-country study[J]. Entrepreneurship Theory and Practice, 2005,29(1):35-55

Bhagavatula, S., Elfring, T. & van Tilburg, A. How social and human capital influence opportunity recognition and resource mobilization in India's handloom industry [J]. Journal of Business Venturing, 2010,25 (3):245-260

Bhave, M. P. A process model of entrepreneurial venture creation [J]. Journal of Business Venturing, 1994,9(3):223-242

Bird, B. The operation of intentions in time: the emergence of the new venture[J]. Entrepreneurship Theory and Practice, 1992,17(1): 11-20

Blanchflower, D. G. Self-employment in OECD countries [J]. Labour Economics, 2000,7(5): 471-505

Blanchflower, D.C. & Meyer, B. A longitudinal analysis of young entrepreneurs in Australia and the United States[J]. Small Business Economics, 1994,6(2):1-20

Bowman, E.H. A risk/return paradox for strategic management[J]. Sloan Management Review,1980,21 (3):17-31

Boyd, N.G.& Vozikis, G.S. The influence of self-efficacy on the development of entrepreneurial intentions and actions [J]. Entrepreneurship Theory and Practice, 1994,18:63-90

Brockhaus, R. H. & Nord, W. R. An exploration of factors affecting the entrepreneurial decision: personal characteristics vs. environmental conditions [J]. Academy of Management Proceedings, 1979:363-368

Brockhaus, R. H. Risk taking propensity of entrepreneurs [J]. Academy of Management Journal, 1980, 23(3): 509-520

Brush, C. G., Greene, P. G. & Hait, M. M. From initial idea to unique advantage: the entrepreneurial challenge of constructing a resource base[J]. Academy of Management Executive, 2001, 15(1): 64-80

Bryant, P. Self-regulation and decision heuristics in entrepreneurial opportunity evaluation and exploitation [J]. Management Decision, 2007, 45(4):732-748

Buchmann, M., Kriesi, I. & Sacchi, S. Labour market, job opportunities, and transitions to self-employment: evidence from Switzerland from the mid 1960s to the late 1980s [J]. European Sociological Review, 2009, 25(5):569-583

Busenitz, L.W. & Barney, J.B. Differences between entrepreneurs and managers in large organizations: biases and heuristics in strategic decision-making[J].Journal of Business Venturing, 1997, 12(1): 9-30

Busenitz, L.W. & Lau, C.M. A cross-cultural cognitive model of new venture creation[J]. Entrepreneurship Theory and Practice, 1996, 20 (4): 25-39

Byosiere, P., Luethge, D. J. & Vas, A. et al. Diffusion of organizational innovation: knowledge transfer through social networks [J]. International Journal of Technology Management, 2010, 49 (4): 401-420

Campbell C.A.A decision theory model for entrepreneurial acts[J]. Entrepreneurship Theory and Practice, 1992, 17(1): 21-27

Cardon, M.S.& Kirk, C.P. Entrepreneurial passion as mediator of the self-efficacy to persistence relationship[J]. Entrepreneurship Theory and Practice,2015,39(5):1027-1050

Carrasco, R. Transitions to and from self-employment in Spain: an empirical analysis[J]. Oxford Bulletin of Economics and Statistics, 1999,61(3):315-341

Carter, N. M., Williams, M. & Reynolds, P. D. Discontinuance among new firms in retail: the influence of initial resources, strategy, and gender[J]. Journal of Business Venturing, 1997,12(2):125-145

Cassar,G. & Friendman,H. Does self-efficacy affect entrepreneurial investment? [J]. Strategic Entrepreneurship Journal, 2009, 3(3): 241-260

Casson, M. The entrepreneur: an economic theory[M]. Totowa: Barnes & Nobel Books,1982

Cathy H. C. Hsu, Zhaoping (George) Liu & Songshan (Sam) Huang. Acquiring intangible resources through entrepreneurs' network ties: a study of Chinese economy hotel chains[J]. Cornell Hospitality Quarterly,2015,56(3):273-284

Chandler, G. & Hanks, S. An examination of the substitutability of founders human capital in emerging business ventures[J]. Journal of Business Ventures, 1998,13(5):353-369

Chen, C., Greene, P. G. & Crick, A. Does entrepreneurial self efficacy distinguish entrepreneurs from managers? [J]. Journal of Business Venturing, 1998, 13(3): 295-316

Chen,G., Gully,S.M. & Eden,D. Validation of a new general self-efficacy scale[J]. Organizational Research Methods,2001,4(1):62-83

Choi, Y. & Shepherd, D. Entrepreneurs' decisions to exploit opportunities[J]. Journal of Management, 2004,30(3):377-395

Congregado, E., Golpe, A. & van Stel A. The "recession-push" hypothesis reconsidered [J]. International Entrepreneurship and Management Journal,2012,8(3):325-342

Conroy, D. E., Willow, J. P. & Metzler, J. N. Multidimensional fear of failure measurement: the performance failure appraisal inventory

[J]. Journal of Applied Sport Psychology,2002,14:76-90

Conroy, D.E. Progress in the development of a multidimensional measure of fear of failure: the performance failure appraisal inventory (PFAI)[J]. Anxiety, Stress and Coping, 2001,14 (4): 431-455

Cooper, A.C., Woo, C.Y.& Dunkelberg, W.C. Entrepreneurs' perceived chances for success[J]. Journal of Business Venturing,1988, 3 (2):97-108

Corbett, A. Experiential learning within the process of opportunity identification and exploitation [J]. Entrepreneurship Theory and Practice, 2005, 29(4): 473-491

Cowling, M. & Mitchell, P. The evolution of UK self-employment: a study of government policy and the role of the macro economy[J]. The Manchester School, 1997, 65(1):427-442

Cox, L., Mueller, S. L. & Moss, S. E. The impact of entrepreneurship education on entrepreneurial self-efficacy [J]. International Journal of Entrepreneurship Education, 2002, 1 (2): 229-247

Craig, J. & Lindsay, N. Quantifying "gut feeling" in the opportunity recognition process [C]. Frontiers for Entrepreneurship Research,Conference Papers,2001

Davidsson, P. Nascent entrepreneurship: empirical studies and developments[J]. Foundations and Trends in Entrepreneurship, 2006,2 (1): 1-76

Davidsson, P.& Honig, B. The role of social and human capital among nascent entrepreneurs[J]. Journal of Business Venturing, 2003, 18(3): 301-331

Dawson,C.,Henley, A. & Latreille, P. Why do individuals choose self-employment? [J] IZA Discussion Paper, No. 3974, 2009

De Noble,A.,Jung,D. & Ehrlich,S. Initiating new ventures: the role of entrepreneurial self-efficacy [C]. Boston: Babson Research Conference, Babson College, MA

DeCarlo. J. E. & Lyons, P. R. A comparison of selected personal characteristics of minority and non-minority female entrepreneurs [J]. Journal of Small Business Management, 1979, 17(4):22-29

Dempsey, D. & Jennings, J. Gender and entrepreneurial self-efficacy: a learning perspective[J]. International Journal of Gender and Entrepreneurship, 2014, 6(1): 28-49

Dencker, J.C., Gruber, M.& Shah, S.K. Pre-entry knowledge, learning, and the survival of new firms[J]. Organization Science, 2009, 20(3):516-537

Dickinson, R. Business failure rate[J].American Journal of Small Business,1981,6 (2):17-25

Dickson, P.R. & Giglierano, J.J. Missing the boat and sinking the boat: a conceptual model of entrepreneurial risk [J]. Journal of Marketing, 1986, 50(3):58-70

Dickson, P.R. Toward a general theory of competitive rationality [J]. Journal of Marketing,1992, 56(1):69-83

Dimov, D. Beyond the single-person, single-insight attribution in understanding entrepreneurial opportunities[J]. Entrepreneurship Theory and Practice,2007,31(5):713-731

Dimov, D. Nascent entrepreneurs and venture emergence: opportunity confidence, human capital, and early planning[J]. Journal of Management Studies,2010,47(6):1123-1153

Douglas & Shepherd. Entrepreneurship as a utility maximizing response[J]. Journal of Business Venture,2000,15(3): 231-251

Drnovsek, M. & Glas, M. The entrepreneurial self-efficacy of nascent entrepreneurs: the case of two economies in transition [J]. Journal of Enterprising Culture,2002,10(2):107-131

Dunn, T.& Holtz-Eakin.,D. Financial capital, human capital, and the transition to self-employment: evidence from intergenerational links [J]. Journal of Labor Economics, 2000,18(2):282-305

Eckert, A. African rural entrepreneurs and labor in the Cameroon littoral[J]. Journal of African History,1999,40(1):109-126

Eckhardt, J.T. & Shane,S. A. Opportunities and entrepreneurship [J]. Journal of Management, 2003, 29(3): 333-349

Edelman, L. & Yli-Renko, H. The impact of environment and entrepreneurial perceptions on venture-creation efforts: bridging the discovery and creation views of entrepreneurship[J]. Entrepreneurship Theory and Practice, 2010,34(5): 833-856

Estrada, C. A., Isen, A. M. & Young, M. J. Positive affect facilitates integration of information and decreases anchoring in reasoning among physicians[J]. Organizational Behavior and Human Decision Processes, 1997, 72(1): 117-135

European Commission. Entrepreneurship 2020 action plan: reigniting the entrepreneurial spirit in Europe. 9.1.2013, COM (2012) 795 final

European Commission. Fostering entrepreneurship in Europe: priorities for the future, communication from the commission to the council, the European parliament, the European economic and social committee and the Committee of the Regions, COM (98) 222,1998

Evans, D. S. & Leighton, L. S. Small business formation by unemployed and employed workers[J]. Small Business Economics, 1990,2(4):319-330

Evans, D. S. & Leighton, L. S. Some empirical aspects of entrepreneurship[J]. The American Economic Review, 1989, 79(3): 519-535

Felin,T.& Zenger, T. R. Entrepreneurs as theorists: on the origins of collective beliefs and novel strategies[J]. Strategic Entrepreneurship Journal,2009,3(2):127-146

Fisher, N. & Hall, G. R. Risk and corporate rates of return[J]. Quarterly Journal of Economics,1969,83(1):79-92

Fitzsimmons, J.R. & Douglas, E.J. Interaction between feasibility and desirability in the formation of entrepreneurial intentions[J].Journal of Business Venturing,2011,26(4): 431-440

Florin, J., Lubatkin, M. & Schulze, W. A social capital model of high-growth ventures[J]. Academy of Management Journal, 2003,46(3): 374-385

Foo, M. D. Emotions and entrepreneurial opportunity evaluation [J]. Entrepreneurship Theory and Practice,2011, 35(2):375-393

Forbes, D. P. The effects of strategic decision making on entrepreneurial self-efficacy[J]. Entrepreneurship Theory and Practice, 2005,29(5):599-626

Forlani, D. & Mullins, J. W. Perceived risks and choices in entrepreneurs' new venture decisions[J].Journal of Business Venturing, 2000,15(4): 305-322

Fornell, C. & Larcker, D. F. Structural equation model with unobservable variables and measurement error: algebra and statistics [J].Journal of Marketing Research, 1981, 18(3): 382-389

Fox, W. F. & Porca, S. Investing in rural infrastructure[J]. International Regional Science Review, 2001, 24(1): 103-133

Gaglio, C. M. The role of mental simulations and counterfactual thinking in the opportunity identification process[J]. Entrepreneurship Theory and Practice,2004, 28(6): 533-552

Garcia-Marques, T., Mackie, D. M. & Claypool, H. M. et al. Positivity can cue familiarity[J]. Personality and Social Psychology Bulletin, 2004,30(5):585-593

Gartner, W. What are we talking about when we talk about entrepreneurship? [J]. Journal of Business Venturing, 1990,5(1): 15-29

Gartner,W.B. "Who is an entrepreneur?" is the wrong question [J]. American Journal of Small Business,1988,12(4):11-32

Ghatak, M., Morelli, M. & Sjöström, T. Entrepreneurial income, occupational choice, and trickle-up policies[J]. Journal of Economic Theory, 2007,137(1):27-48

Gimeno, J., Folta, T.B., Cooper, A.C. & Woo, C.Y.Survival of the fittest? Entrepreneurial human capital and the persistence of underperforming firms[J]. Administrative Science Quarterly, 1997,42 (4):750-783

Gioia, D.A. & Poole, P.P. Scripts in organizational behavior[J]. Academy of Management Review, 1984,9 (3):449-459

Gnyawali, D.R. & Fogel, D.S. Environments for entrepreneurship development: key dimensions and research implications [J]. Entrepreneurship Theory and Practice, 1994,18(4):43-62

Granovetter, M. S. The strength of weak ties[J]. The American Journal of Sociology,1973, 78 (6): 1360-1380

Grant, D. The political economy of new business formation across the American states, 1970-1985[J]. Social Science Quarterly, 1996,77 (1):28-42

Grilo, I. & Thurik, R. Latent and actual entrepreneurship in Europe and the US: some recent developments[J]. The International Entrepreneurship and Management Journal, 2005,1(4):441-459

Gruber, M., Kim, S. M. & Brinckmann, J. What is an attractive business opportunity? An empirical study of opportunity evaluation decisions by technologists, managers, and entrepreneurs[J]. Strategic Entrepreneurship Journal,2015,9(3):205-225

Grégoire, D.A., Barr, P. & Shepherd, D.A. Cognitive processes of opportunity recognition: the role of structural alignment[J]. Organization Science,2010a,21(2): 413-431

Grégoire, D. A., Shepherd, D. A. & Lambert, L. S. Measuring opportunity recognition beliefs[J]. Organizational Research Methods, 2010b,13 (1):114-145

Guo,C. & Miller, J.K. Guanxi dynamics and entrepreneurial firm creation and development in China[J]. Management and Organization Review, 2010,6(2):267-291

Habera, S. & Reichelb, A. The cumulative nature of entrepreneurial process: the contribution of human capital, planning and environment resource to small venture performance [J]. Journal of Business Venturing, 2007, 22(1):119-145

Hanlon, D. & Saunders, C. Marshaling resources to form small new ventures: toward a more holistic understanding of entrepreneurial support [J]. Entrepreneurship Theory and Practice, 2007,31(4): 619-641

Hastie,R. Problems for judgment and decision making[J]. Annual Review of Psychology,2001,52: 653-683

Haugen,M.S. & Vik,J. Farmers as entrepreneurs: the case of farm-based tourism [J]. Entrepreneurship and Small Business,2008,6(3): 321-336

Haynie, J. M., Shepherd,D.A. & McMullen, J.S. An opportunity for me? The role of resources in opportunity evaluation decisions[J]. Journal of Management Studies,2009,46(3):337-361

Hayton, J.C., Cacciotti, G. & Giazitzoglu, A. et al. Understanding fear of failure in entrepreneurship: a cognitive process framework[J]. Frontiers of Entrepreneurship Research,2013,33(6):1-15

Helms, M. M. Japanese managers: their candid views on entrepreneurship[J].Competitiveness Review: An International Business Journal Incorporating Journal of Global Competitiveness, 2003,13(1): 24-34

Henderson, J. Building the rural economy with high-growth entrepreneurs[J].Economic Review,2002,87(3):45-70

Hessels, J., Grilo, I., Thurik, R. & Van der Zwan, P. Entrepreneurial exit and entrepreneurial engagement [J]. Journal of Evolutionary Economics, 2011,21(3):447-471

Hills, G. E., Shrader, R. C. & Lumpkin, G. T. (1999). Opportunity recognition as a creative process. In Gaglio, C.M. The role of mental simulations and counterfactual thinking in the opportunity identification process[J]. Entrepreneurship Theory & Practice,2004, 28 (6): 533-552

Hoang, H. & Antoncic, B. Network-based research in entrepreneurship: a critical review[J]. Journal of Business Venturing, 2003,18(2):165-188

Holland, D. V. & Garrett, R. P. Entrepreneur start-up versus persistence decisions: a critical evaluation of expectancy and value[J]. International Small Business Journal,2015,33(2):194-215

Honig, B. What determines success? Examining the human, financial, and social capital of Jamaican micro entrepreneurs [J]. Journal of Business Venturing, 1998, 13(5): 371-394

Howard, H. S. & Carlos, J. J. A paradigm of entrepreneurship: entrepreneurial management[J]. Strategic Management Journal, 1990, 11(5):17-27

Hull. D. L., Bosley, J. J. & Udell, G. G. Renewing the hunt for the heffalump: identifying potential entrepreneurs by personality characteristics[J]. Journal of Small Business Management, 1986, 18 (1): 11-18

Hurst, E. & Lusardi, A. Liquidity constraints, household wealth and entrepreneurship[J]. Journal of Political Economy, 2004,112(2): 319-347

Ireland, D., Hitt, M. & David, S. A model of strategic entrepreneurship: the construct and its dimensions [J]. Journal of Management, 2003,29(6): 963-989

Janney, J. J. & Dess, G. G. The risk concept for entrepreneurs reconsidered: new challenges to the conventional wisdom[J]. Journal of Business Venturing, 2006,21(3):385-400

Jason, H. Building the rural economy with high-growth entrepreneurs[J].Economic Review,2002,87(3):45-70

Jen, W. & Hu, K. C. Application of perceived value model to identify factors affecting passengers' repurchase intentions on city bus: a case of the Taipei metropolitan area[J].Transportation, 2003,30(3): 307-327

Jenssen J.I. Social networks, resources and entrepreneurship[J]. The International Journal of Entrepreneurship and Innovation, 2001, 2(2): 103-109

Johansson, E. Self-employment and liquidity constraints: evidence from Finland[J]. The Scandinavian Journal of Economics, 2000, 102(1): 123-134

Johnson, P. Unemployment and self-employment: a survey[J]. Industrial Relations Journal, 1981, 12(5): 5-15

Kader, R. A., Mohamad, M. R. B. & Che Ibrahim, Ab. A. H. Success factors for small rural entrepreneurs under the one-district-one-industry programme in Malaysia [J]. Contemporary Management Research, 2009, 5(2): 147-162

Kalantaridis, C. & Bika, Z. Local embeddedness and rural entrepreneurship: case-study evidence from Cumbria, England[J]. Environment and Planning A, 2006, 38(8): 1561-1579

Kalantaridis, C. & Bika, Z. In-migrant entrepreneurship in rural England: beyond local embeddedness[J]. Entrepreneurship & Regional Development, 2006, 18(3): 109-131

Kan, K. & Tsai, W. D. Entrepreneurship and risk aversion[J]. Small Business Economics, 2006, 26(5): 465-474

Keh, H. T., Foo, M. D. & Lim, B. C. Opportunity evaluation under risky conditions: the cognitive processes of entrepreneurs[J]. Entrepreneurship Theory and Practice, 2002, 27(2): 125-148

Kellermanns, F., Walter, J. & Crook, T. R. et al. The resource-based view in entrepreneurship: a content-analytical comparison of researchers' and entrepreneurs' views[J]. Journal of Small Business Management, 2016, 54(1): 26-48

Kickul, J. & D'Intino, R. S. Measure for measure: modeling entrepreneurial self-efficacy onto instrumental tasks within the new venture creation process[J]. New England Journal of Entrepreneurship, 2005, 8(2): 39-47

Kirkwood, J. Family matters: exploring the role of family in the new venture creation decision [J]. Journal of Small Business and Entrepreneurship,2012,25(2):141-154

Kneafsey, M., Ilbery,B. & Jenkins,T. Exploring the dimensions of culture economies in rural west wales[J]. Sociologia Ruralis,2001,41(3):296-310

Kolvereid, L. Prediction of employment status choice intentions [J]. Entrepreneurship Theory and Practice, 1996, 21(1):47-57

Komives, J. L. A preliminary study of the personal values of high technology entrepreneurs, 1972. In A. C. Cooper & J. L. Komives (eds.), Technical Entrepreneurship: A Symposium. Milwaukee: Center for Venture Management, 231-242

Krueger, N. F. The cognitive infrastructure of opportunity emergence[J]. Entrepreneurship Theory and Practice,2000,24(3):9-27

Krueger, N. F. What lies beneath? The experiential essence of entrepreneurial thinking [J]. Entrepreneurship Theory and Practice, 2007,31(1):123-138

Krueger, N. Jr. & Dickson, P. R. How believing in ourselves increases risk taking: perceived self-efficacy and opportunity recognition [J].Decision Sciences, 1994,25(3): 385-400

Krueger, N. The impact of prior entrepreneurial experience on perceptions of new venture feasibility and desirability [J]. Entrepreneurship Theory & Practice, 1993,18(2): 5-21

Krueger, N. F. & Brazeal, D. V. Entrepreneurial potential and potential entrepreneurs [J]. Entrepreneurship: Theory and Practice, 1994,18(3): 91-104

Krueger, N. F. & Carsrud, A. L. Entrepreneurial intentions: applying the theory of planned behaviour [J]. Entrepreneurship and Regional Development,1993,5(4): 315-330

Krueger, N.F., Reilly, M.D. & Carsrud, A.L. Competing models of entrepreneurial intentions[J].Journal of Business Venturing, 2000,15(5): 411-432

Krueger, N. The impact of prior entrepreneurial exposure on perceptions of new venture feasibility and desirability [J]. Entrepreneurship Theory & Practice, 1993,18(1): 5-21

Lachman, R. Toward measurement of entrepreneurial tendencies [J]. Management International Review, 1980,20(2):108-116

Lafuente E., Vaillant Y. & Rialp, J. Regional differences in the influence of role models: comparing the entrepreneurial process of rural Catalonia [J]. Regional Studies, 2007, 41(6): 779-795

Langowitz, N. & Minniti, M. The entrepreneurial propensity of women[J]. Entrepreneurship Theory and Practice, 2007, 31 (3): 341-364

Li Yan. Emotions and new venture judgment in China[J]. Asia Pacific Journal of Management,2011,28(2):277-298

Lieberman, M. B. & Montgomery, D. B. First-mover (dis) advantages: retrospective and link with the resource-based view [J]. Strategic Management Journal, 1998,19(12):1111-1125

Liles, P. Who are the entrepreneurs? [J]. MSU Business Topics, 1974,22:5-14

Lingfei Wu & Jun Li. Perceived value of entrepreneurship: a study of the cognitive process of entrepreneurial career decision[J]. Journal of Chinese Entrepreneurship, 2011,3(2):134-146

Lorenzoni, G. & Lipparini, A. The leveraging of inter-firm relationships as a distinctive organizational capability: a longitudinal study[J].Strategic Management Journal, 1999,20(4):317-338

Mackie, D. M. & Worth, L. T. Cognitive deficits and the mediation of positive affect in persuasion[J]. Journal of Personality and Social Psychology, 1989,57(1): 27-40

Malecki, E. J. Entrepreneurship in regional and local development [J]. International Regional Science Review,1993,16(2):119-153

March, J.G. & Shapira, Z. Managerial perspectives on risk and risk taking[J]. Management Science, 1987, 33 (11):1404-1418

Markley, D.M. Financing the new rural economy[J]. Proceedings Rural Conferences,2001: 69-80

Markus, H. & Wurf, E. The dynamic self-concept: a social psychological perspective[J]. Annual Review of Psychology, 1987, 38: 299-337

McCann, B.T. & Vroom, G. Opportunity evaluation and changing beliefs during the nascent entrepreneurial process [J]. International Small Business Journal,2015, 33(6):612-637

McMullen, J. & Shepherd, D. Entrepreneurial action and the role of uncertainty in the theory of the entrepreneur [J]. Academy of Management Review, 2006, 31(1): 132-152

Ming-Huei Chen, Yu-Yu Chang & Chia-Yu Lee. Creative entrepreneurs' guanxi networks and success: information and resource [J]. Journal of Business Research,2015,68(4):900-905

Minniti, M. & Nardone, C. Being in someone else's shoes: the role of gender in nascent entrepreneurship[J]. Small Business Economics, 2007, 28(2):223-238

Mitchell, J.R. & Shepherd, D.A. To thine own self be true: images of self, images of opportunity, and entrepreneurial action[J]. Journal of Business Venturing, 2010,25(1): 138-154

Mitchell, J. R., Friga, P. N. & Mitchell, R. K. Untangling the intuition mess: intuition as a construct in entrepreneurship research[J]. Entrepreneurship Theory and Practice, 2005, 29(6): 653-679

Mitchell, R. K., Busenitz, L. & Bird, B. et al. The central question in entrepreneurial cognition research [J]. Entrepreneurship Theory and Practice,2007,31(1):1-27

Mitchell, R.K., Busenitz, L. & Lant, T. et al. Toward a theory of entrepreneurial cognition: rethinking the people side of entrepreneurship research[J]. Entrepreneurship Theory and Practice, 2002, 27 (2):

93-104

Mitchell, J. R. & Shepherd, D.A. Afraid of opportunity: the effects of fear of failure on entrepreneurial action [J]. Frontiers of Entrepreneurship Research, 2011, 31(6): 195-209

Mitchell, R. K., Seawright, K. W. & Morse, E. A. Cross-cultural cognitions and the venture creation decision[J]. Academy of Management Journal, 2000, 43(5): 974-993

Morrisson, A. Entrepreneurship: what triggers it? [J]. International Journal of Entrepreneurial Behaviour and Research, 2000, 6 (2): 59-71

Mullins, J.W. & Forlani, D. Missing the boat or sinking the boat: a study of new venture decision making [J]. Journal of Business Venturing, 2005, 20 (1): 47-69

Murdoch, J. Networks-a new paradigm of rural development? [J]. Journal of Rural Studies, 2000, 16(4): 407-419

Muñoz, P. & Kibler, E. The formation of opportunity feasibility beliefs in social entrepreneurship: a configurational analysis of institutional conditions [J]. Frontiers of Entrepreneurship Research, 2013, 33(18): 1-16

North, D. & Smallbone, D. Developing entrepreneurship and enterprise in Europe's peripheral rural areas: some issues facing policy-makers[J]. European Planning Studies, 2006, 14(1): 41-60

OECD entrepreneurship and local economic development: programme and policy recommendations, 2003

OECD rural policy reviews. The new rural paradigm: policies and governance[EB/OL]. http://www3. unisi. it/cipas/ref/OECD_2006_Rural_Paradigm.pdf

Palmer, M. The application of psychological testing to entrepreneurial potential[J]. California Management Review, 1971, 13 (3): 32-39

Park, J. & Banaji, M. R. Mood and heuristics: the influence of happy and sad states on sensitivity and bias in stereotyping[J]. Journal of Personality and Social Psychology, 2000,78(6):1005-1023

Patterson, P. & Spreng, R. Modeling the relationship between perceived value, satisfaction and repurchase intentions in a business-to-business service context: an empirical examination [J]. International Journal of Service Industry Management, 1997, 8(5):414-434

Phillips,B.D. & Kirchoff, B.A. An analysis of new firm survival and growth [C]. Babson Entrepreneurship Research Conference, Calgary,1988

Qing Miao & Ling Liu. A psychological model of entrepreneurial decision making[J]. Social Behavior and Personality, 2010, 38(3): 357-364

Rampini,A.A. Entrepreneurial activity, risk and the business cycle [J]. Journal of Monetary Economics, 2004,51(3): 555-573

Rauch, A. & Frese, M. Human capital of small scale business owners and business success: a longitudinal study of moderators and mediators[C]. Brisbane:ICSB World Conference,2000

Reynolds, P. D. Who starts new firms? Preliminary explorations of firms-in-gestation[J]. Small Business Economics,1997, 9(5): 449-462

Reynolds, P. Predicting contributions and survival. Frontiers of Entrepreneurship Research. Wellesley, MA: Babson College,1986

Robinson, A. T. & Marino L. D. Overconfidence and risk perceptions: do they really matter for venture creation decisions? [J]. International Entrepreneurship Management Journal, 2015, 11 (1): 149-168

Robinson, P. & Sexton, E. The effect of education and experience on self-employment success[J]. Journal of Business Venturing, 1994,9 (2):141-156

Román, C. Congregado, E. & Millán, J.M. Start-up incentives: entrepreneurship policy or active labour market programme? [J]. Journal of Business Venturing,2013,28 (1): 151-175

Rumelt, R. P. Theory, strategy, and entrepreneurship. The Competitive Challenge. Cambridge, MA: Ballinger, 1987

Ruth,R. Using structural equation modeling to test for differential reliability and validity: an empirical demonstration [J]. Structural Equation Modeling,2000,7(1):124-141

Salimath, M. S., Cullen, J. B. & Umesh, U. N. Outsourcing and performance in entrepreneurial firms: contingent relationships with entrepreneurial configurations[J]. Decision Sciences, 2008,39(3): 359-381

Sapienza, H. J. & Gupta, A. K. Impact of agency risks and task uncertainty on venture capitalist-CEO interaction [J]. Academy of Management Journal, 1994,37(6):1618-1632

Sarasvathy, S. D. Causation and effectuation: toward a theoretical shift from economic inevitability to entrepreneurial contingency [J]. Academy of Management Review, 2001,26(2): 243-263

Scherer, R. F., Adams, J. S. & Carley, S., et al. Role model performance effects on development of entrepreneurial career preference [J]. Entrepreneurship Theory & Practice, 1989, 13(3):53-72

Schiller, B. R. & P. E. Crewson. Entrepreneurial origins: a longitudinal inquiry[J].Economic Inquiry,1997, 35(3):523-531

Shane, S. & Venkataraman, S. The promise of entrepreneurship as a field of research[J].Academy of Management Review, 2000,25(1): 217-226

Shane, S., Locke, E. & Collins, C. J. Entrepreneurial motivation [J]. Human Resource Management Review, 2003,13(2):257-280

Shane, S. A general theory of entrepreneurship: the individual-opportunity nexus[M].Cheltenham: Edward Elgar-Publishing,2003

Shapero, A. Social dimensions of entrepreneurship (1982). In Krueger, N.F., Reilly, M.D. & Carsrud, A.L. Competing models of entrepreneurial intentions[J]. Journal of Business Venturing, 2000,15 (5):411-432

Shepherd, D.A, McMullen, J.S.& Jennings. D.P. The formation of opportunity beliefs: overcoming ignorance and reducing doubt [J]. Strategic Entrepreneurship Journal,2007,1(1):75-95

Shepperd, J.A., Ouellette, J.A.& Fernandez, J.K. Abandoning unrealistic optimistic performance estimates and the temporal proximity of self-relevant feedback[J]. Journal of Personality and Social Psychology, 1996,70(4):844-855

Sherer, M. The self-efficacy scale: construction and validation[J]. Psychological Reports, 1982,51(2):663-671

Shinnar, R. S., Giacomin, O. & Janssen, F. Entrepreneurial perceptions and intentions: the role of gender and culture [J]. Entrepreneurship Theory and Practice, 2012,36(3):465-493

Simon, M., Houghton, S. M. & Aquino, K. Cognitive biases, risk perception, and venture formation: how individuals decide to start companies[J]. Journal of Business Venturing,2000,15(2): 113-134

Simone,C.,Holger,P. & Sabine,B.K.,et al. Parental role models and the decision to become self-employed: the moderating effect of personality[J].Small Business Economics, 2012,38(1):121-138

Singh, R.P. A comment on developing the field of entrepreneurship through the study of opportunity recognition and exploitation [J]. The Academy of Management Review,2001,26(1):10-12

Sitkin, S.B. & Pablo, A.L. Reconceptualizing the determinants of risk behavior[J].The Academy of Management Review,1992, 17 (1): 9-38

Sitkin, S.B. & Weingart, L.R. Determinants of risky decision making behavior: a test of the mediating role of risk perceptions and risk propensity[J]. The Academy of Management Journal,1995, 38 (6): 1573-1592

Skuras, D., Meccheri, N. & Manuel Belo Moreira et al. Entrepreneurial human capital accumulation and the growth of rural businesses: a four-country survey in mountainous and lagging areas of the European union[J]. Journal of Rural Studies,2005, 21 (1):67-79

Smith, B. R., Matthews, C. H. & Schenkel,M. T. Differences in entrepreneurial opportunities: the role of tacitness and codification in opportunity identification[J]. Journal of Small Business Management, 2009, 47(1): 38-57

Smith, J. B., Mitchell, J. R. & Mitchell, R. K. Entrepreneurial scripts and the new transaction commitment mindset: extending the expert information processing theory approach to entrepreneurial cognition research[J]. Entrepreneurship Theory and Practice, 2009,33 (4): 815-844

Snell, S. A. & Dean, J. W. Integrated manufacturing and human resource management: a human capital perspective[J]. Academy of Management Journal, 1992,35(3):467-504

Starr, J. A. & MacMillan, I. C. Resource cooptation via social contracting: resource acquisition strategies for new ventures[J]. Strategic Management Journal, 1990, 11(5):79-92

Stathopoulou, S., Psaltopoulos, D. & Skuras, D. Rural entrepreneurship in Europe: a research framework and agenda[J]. International Journal of Entrepreneurial Behaviour & Research, 2004, 10(6):404-425

Stephen, F., Urbano, D. & van Hemmen, S. The responsiveness of entrepreneurs to working time regulations[J]. Small Business Economics, 2009,32(3): 259-276

Stevenson, H.H. & Jarillo, J.C. A paradigm of entrepreneurship: entrepreneurial management[J]. Strategic Management Journal, 1990, 11(5):17-27

Stone,R.N. & Grønhaug,K. Perceived risk: further considerations for the marketing discipline[J]. European Journal of Marketing, 1993, 27(3): 39-50

Stuart, R.W. & Abetti, P.A. Impact of entrepreneurial management experience on early performance[J]. Journal of Business Venturing,

1990,5(3): 151-160

Sue, D.W. Fear of failure: an introduction[J]. Personnel and Guidance Journal, 1975,54 (4):184

Surendra, K., Shorav, K. & Shobha, K. How higher education in rural India helps human rights and entrepreneurship[J]. Journal of Asian Economics,2006, 17 (1):29-34

Tang, R., Shaw, W.M. & Vevea,J.L. Towards the identification of the optimal number of relevance categories [J].Journal of the American Society for Information Science, 1999,50(3):254-264

Taylor, M. P. Earnings, independence or unemployment: why become self-employed? [J]. Oxford Bulletin of Economics and Statistics,1996,58(2):253-266

Thornberry, N. Corporate entrepreneurship: antidote or oxy-moron? [J]. European Management Journal,2001,19(5): 526-533

Thurik, A. R., Carree, M. A., van Stel, A. J. & Audretsch, D. B. Does self-employment reduce unemployment? [J]. Journal of Business Venturing, 2008,23(6):673-686

Tumasjan,A., Welpe,I. & Spörrle,Matthias. Easy now, desirable later: the moderating role of temporal distance in opportunity evaluation and exploitation[J]. Entrepreneurship: Theory and Practice, 2013,37 (4): 859-888

Urban, B. Cognitions and motivations for new venture creation decisions: linking expert scripts to self-efficacy, a South African study [J]. The International Journal of Human Resource Management, 2010, 21(9):1512-1530

Uzzi, B. The sources and consequences of embeddedness for the economic performance of organization: the network effect[J].American Sociological Review,1996,61(4):674-698

Vaillant, Y. & Afuente, E. Do different institutional frameworks condition the in fear of failure and entrepreneurial examples over entrepreneurial activity? [J]. Entrepreneurship and Regional

Development, 2007(19): 313-337

Van Auken, H. E. Obstacles to business launch[J]. Journal of Developmental Entrepreneurship,1999, 4(2):175

Van Gelderen, M., Thurik, R. & Bosma, N. Success and risk factors in the pre-startup phase[J]. Small Business Economics,2006,26(4):319-335

Venkataraman, S. The distinctive domain of entrepreneurship research: an editor's perspective[M]. Advances in Entrepreneurship, Firm Emergence, and Growth. Greenwich, CT: JAI Press, 1997

Wagner, J. What a difference a Y makes-female and male nascent entrepreneurs in Germany[J]. Small Business Economics, 2007, 28(1): 1-21

Wegner, D. M. & Petty, R. E. Mood management across affective states: the hedonic contingency hypothesis[J]. Journal of Personality and Social Psychology, 1994,66(6):1034-1048

Welpe, I. M., Spörrle, M. & Grichnik, D., et al. Emotions and opportunities: the interplay of opportunity evaluation, fear, joy, and anger as antecedent of entrepreneurial exploitation[J]. Entrepreneurship Theory and Practice, 2012,36(1):69-96

Wennberg, K., Pathak, S. & Autio, E. How culture moulds the effects of self-efficacy and fear of failure on entrepreneurship[J]. Entrepreneurship & Regional Development, 2013, 25(9):756-780

Wood, M. S. & Williams, D. W. Opportunity evaluation as rule-based decision making[J]. Journal of Management Studies, 2014,51(4):573-602

Wood, M.S., McKelvie, A. & Haynie, J. M. Making it personal: opportunity individuation and the shaping of opportunity beliefs[J]. Journal of Business Venturing, 2014,29 (2):252-272

Wood, R. E. & Bandura, A. Impact of conceptions of ability on self-regulatory mechanisms and complex decision-making[J]. Journal of Personality and Social Psychology,1989,56 (3): 407-415

Wortman, M. S. Rural entrepreneurship research: an integration into the entrepreneurship field[J]. Agribusiness, 1990,6(4):329-344

Wright, S., Wong, A. & Newill, C. The impact of role models on medical students [J]. Journal of General Internal Medicine,1997(12): 53-56

Wu, L., Chun, W. & Cheng, C., et al. Internal resources, external network, and competitiveness during the growth stage: a study of Taiwanese high-tech ventures [J]. Entrepreneurship Theory and Practice, 2008,32(3):529-549

Zontanos,G. & Anderson, A.R. The nurturing and harvesting of a rural Greek network [J]. International Journal of Entrepreneurial Behaviour & Research, 2004,10(4):260-276

边燕杰. 网络脱生：创业过程的社会学分析[J]. 社会学研究, 2006(6): 74-88

才凤伟. 乡村社会网络："原生"和"再生"——新生代农民工城市创业的网络构型[J]. 中国青年研究, 2014(7): 83-88

陈波. 风险态度对回乡创业行为影响的实证研究[J]. 管理世界, 2009(3): 84-91

陈海涛, 蔡莉. 创业机会特征维度划分的实证研究[J]. 工业技术经济, 2008(2): 82-86

陈雷, 沈长月, 李冰水, 等. 障碍与支持：返乡青年农民工创业研究——基于对保定市的调查[J]. 辽东学院学报, 2009(6): 21-26

陈文超. 农民工返乡创业的影响因素分析[J]. 中国人口科学, 2014(2): 96-105 程广帅, 谭宇. 返乡农民工创业决策影响因素研究[J]. 中国人口·资源与环境, 2013(1): 119-125

村上直树. 农村地区工业化与人力资本的作用——以河南省回乡创业为例[J]. 河南大学学报(社会科学版), 2011(3): 32-42

丁冬, 傅晋华, 郑风田. 社会资本、民间借贷与新生代农民工创业[J]. 华南农业大学学报(社会科学版), 2013(3): 50-56

高静, 贺昌政. 信息能力影响农户创业机会识别——基于456

份调研问卷的分析[J]. 软科学, 2015(3): 140-144

高静, 张应良. 农户创业价值实现与环境调节: 自资源拼凑理论透视[J]. 改革, 2014(1): 87-93

龚军姣. 创业活跃区农民人力资本与心理资本对创业决策的影响[J]. 经济纵横, 2011(12): 125-129

辜胜阻, 武兢. 扶持农民工以创业带动就业的对策研究[J]. 中国人口科学, 2009(3): 2-12

郭军盈. 我国农民创业的区域差异研究[J]. 经济问题探索, 2006(6): 70-74

韩俊, 崔传义. 我国农民工回乡创业面临的困难及对策[J]. 经济纵横, 2008(11): 3-8

侯杰泰, 成子娟, 马殊赫伯特. 验证性因素分析: 问卷题数及小样本应用策略[J]. 心理学报, 1999(1): 76-83

胡俊波. 困境与突破: 扶持农民工返乡创业的理论分析框架[J]. 农村经济, 2009(6): 113-116

黄洁, 蔡根女, 买忆媛. 农村微型企业: 创业者社会资本和初创企业绩效[J]. 中国农村经济, 2010(5): 65-73

黄振荣, 郑英隆. 农民工回乡创业: 我国农村工业化的内涵扩展[J]. 学术研究, 2009(9): 72-80

黄祖辉, 朱允卫. 浙江农村工业化的发展与启示. 中国经济史研究, 2006(2), 88-94

姜彦福, 邱琼. 创业机会评价重要指标序列的实证研究[J]. 科学学研究, 2004(1): 59-63

蒋剑勇, 钱文荣, 郭红东. 社会网络、先前经验与农民创业决策[J]. 农业技术经济, 2014(2): 17-25

蒋剑勇. 基于社会嵌入视角的农村地区农民创业机理研究[D]. 浙江大学博士学位论文, 2014

杰弗里·蒂蒙斯著, 周伟民译. 战略与商业机会[M]. 北京: 华夏出版社, 2002

李长峰, 庄晋财. 农民工创业初期行业选择影响因素的实证研究[J]. 农村经济, 2014(1): 109-113

李俊. 如何更好地解读社会?——论问卷设计的原则与程序[J]. 调研世界, 2009(3): 46-48

李林梅. 试论市场调查中问卷设计的几个基本原则[J]. 统计与信息论坛, 2000(2): 45-59

李全伦, 李永涛. 农民创业带动就业效应的实证研究——以山东、河南调查数据为例[J]. 财政研究, 2010(9): 44-48

梁惠清, 王征兵. 当前我国农民创业者投资行为分析[J]. 农业经济问题, 2009(10): 84-93

林斐. 对90年代回流农村劳动力创业行为的实证研究[J]. 人口与经济, 2004(2): 50-54

林斐. 对安徽省百名“打工”农民回乡创办企业的问卷调查及分析[J]. 中国农村经济, 2002(3): 72-76

刘光明, 宋洪远. 外出劳动力回乡创业: 特征、动因及其影响——对安徽、四川两省四县71位回乡创业者的案例分析[J]. 中国农村经济, 2002(3): 65-71

刘杰, 郑风田. 流动性约束对农户创业选择行为的影响——基于晋、甘、浙三省894户农民家庭的调查[J]. 财贸研究, 2011(3): 28-35

刘军, 郭军盈, 戴建华. 东西部农民创业差异及原因分析[J]. 湖南农业大学学报(社会科学版), 2004(6): 22-24

刘俊威, 刘纯彬. 农民工创业性回流影响因素的实证分析——基于安徽省庐江县调研数据[J]. 经济体制改革, 2009(6): 85-89

刘力, 陈浩. 自我一致性对旅游者决策行为的影响[J]. 旅游学刊, 2015(6): 57-71

刘美玉. 创业动机、创业资源与创业模式: 基于新生代农民工创业的实证研究[J]. 宏观经济研究, 2013(5): 62-70

刘庆宝. 金融危机背景下农民工返乡创业条件分析与对策思考——基于安徽经济欠发达地区的实证分析[J]. 乡镇经济, 2009(10): 81-84

刘唐宇. 福建省农民工回乡创业的调查与思考[J]. 福建农林大学学报(哲学社会科学版), 2009(5): 16-23

刘小春，李婵，朱红根. 农民工返乡创业扶持政策评价及其完善——基于江西省1145个返乡农民工调查数据[J]. 农村经济，2011(6)：101-104

吕波，戴学来，陈奕江. 天津地区农民创业的障碍与对策——基于蓟县农民的问卷调查[J]. 乡镇经济，2009(5)：21-24

罗明忠，邹佳瑜. 创业动机到创业选择与实施：农民创业中的社会资本因素[J]. 广东商学院学报，2012(6)：52-58

罗明忠. 个体特征、资源获取与农民创业——基于广东部分地区问卷调查数据的实证分析[J]. 中国农村观察，2012(2)：11-19

马昆姝，覃蓉芳，胡培. 个人风险倾向与创业决策关系研究：风险感知的中介作用[J]. 预测，2010(1)：42-48

苗青. 基于规则聚焦的公司创业机会识别与决策机制研究[D]. 浙江大学博士学位论文，2006

彭荣胜. 基于主体功能区建设的传统农区农村人口转移研究[J]. 学习与实践，2012(11)：47-54

石智雷，谭宇，吴海涛. 返乡农民工创业行为与创业意愿分析[J]. 中国农村观察，2010(5)：25-37

水延凯等. 社会调查教程(第五版)[M]. 北京：中国人民大学出版社，2010

宋伟. 传统农区企业村庄选址倾向形成的内在机理——基于创业者行为理性的视角[J]. 农村经济，2010(7)：66-70

唐有财. 从打工到创业：农民工创业的发生学研究[J]. 人文杂志，2013(8)：105-112

唐远雄，才凤伟. 农民工创业意愿及其影响因素研究——基于甘肃省调查数据的实证分析[J]. 宁夏社会科学，2013(3)：61-66

陶欣，庄晋财. 农民工群体特征对其返乡创业过程影响的实证研究——基于安徽省安庆市的调查数据[J]. 农业技术经济，2012(6)：87-94

王环. 农民工返乡创业问题研究[J]. 农业经济，2009(9)：66-67

王西玉，崔传义，赵阳. 打工与回乡：就业转变和农村发

展——关于部分进城民工回乡创业的研究[J]. 管理世界，2003(7)：99-109

王淅勤，蔡根女，宋金刚. 创业决策的理性选择过程观察——基于对604名农村微型企业创业者的调查[J]. 农村经济，2010(7)：126-129

危旭芳. 资源要素与中国农民创业模式探析——基于典型案例的考察[J]. 广东行政学院学报，2012，24(6)：80-85

韦吉飞，李录堂. 农村非农活动、农民创业与农村经济变迁——基于1992—2007年中国农村的实证分析[J]. 武汉理工大学学报(社会科学版)，2009(5)：42-48

韦吉飞，李录堂. 农民创业、分工演进与农村经济增长——基于中国农村统计数据的时间系列分析[J]. 大连理工大学学报(社会科学版)，2010，31(4)：24-30

韦吉飞，王建华，李录堂. 农民创业行为影响因素研究——基于西北五省区调查的实证分析[J]. 财贸研究，2008(5)：16-22

温锐. 农民增收关键在强化农民自我创业四项功能[J]. 福建师范大学学报(哲学社会科学版)，2004(3)：1-7

温忠麟，叶宝娟. 测验信度估计：从α系数到内部一致性信度[J]. 心理学报，2011(7)：821-829

吴彩容，吴声怡. 农村劳动力个人禀赋对其创业行业选择影响的实证分析——基于福建沙县的数据[J]. 技术经济，2012(2)：103-107

吴昌华，戴天放，魏建美，等. 江西省农民创业调查分析及对策研究[J]. 江西农业大学学报(社会科学版)，2006(2)：29-32

吴昌华，邓仁根，戴天放，等. 基于微观视角的农民创业模式选择[J]. 农村经济，2008(6)：90-92

吴磊，郑风田. 创业环境维度视角下的农民工回乡创业选择[J]. 中国人口·资源与环境，2012(9)：116-120

吴明隆. 问卷统计分析实务：SPSS操作与应用[M]. 重庆：重庆大学出版社，2010

肖华芳，包晓岚. 农民创业的信贷约束——基于湖北省930家

农村微小企业的实证研究[J]. 农业技术经济，2011(2)：102-109

肖华芳. 农民工返乡创业问题研究[J]. 农村经济与科技，2009(4)：20-21

熊智伟，王征兵. 基于AHP的返乡农民工创业决策影响因子研究[J]. 江西社会科学，2011(6)：246-249

徐辉. 基于产业转型升级的新生代农民工创业机理研究[J]. 湖北农业科学，2015(17)：4356-4359

徐万里. 结构方程模式在信度检验中的应用[J]. 统计与信息论坛，2008(7)：9-13

薛继亮，李录堂. 农民创业和分工演进、交易效率[J]. 山西财经大学学报，2009(9)：51-57

阳立高，廖进中，张文婧，等. 农民工返乡创业问题研究——基于对湖南省的实证分析[J]. 经济问题，2008(4)：85-88

杨军，张龙耀，姜岩. 社区金融资源、家庭融资与农户创业[J]. 农业技术经济，2013(11)：1-79

杨俊，张玉利. 基于企业家资源禀赋的创业行为过程分析[J]. 外国经济与管理，2004(2)：2-6

杨其静，王宇锋. 个人禀赋、制度环境与创业决策：一个实证研究[J]. 经济理论与经济管理，2010(1)：68-73

叶淑英. 促进农民创业，加快农村小康社会建设[J]. 江西农业学报，2008(7)：165-167

岳甚先. 生存型创业与机会型创业的政策比较研究[J]. 四川理工学院学报(社会科学版)，2014(2)：9-17

翟研宁，梁丹辉. 传统农区农户土地转出行为影响因素分析[J]. 南京农业大学学报(社会科学版) 2013，13(3)：78-83

张凯，周劲波. 广西农民创业行为特征研究及政策建议[J]. 乡镇经济，2008(5)：21-25

张明林，喻林. 推动农民创业与促进社会主义新农村建设[J]. 求实，2007(8)：89-91

张鑫，谢家智，张明. 社会资本、借贷特征与农民创业模式选择[J]. 财经问题研究，2015(3)：104-112

张秀娥，孙中博. 农民工返乡创业与社会主义新农村建设关系解析[J]. 东北师大学报(哲学社会科学版)，2013(1)：10-13

张益丰，郑秀芝. 企业家才能、创业环境异质性与农民创业——基于3省14个行政村调研数据的实证研究[J]. 中国农村观察，2014(3)：21-28

赵浩兴. 农民工创业地点选择的影响因素研究——来自沿海地区的实证调研[J]. 中国人口科学，2012(2)：102-113

赵曼，刘鑫宏，顾永红. 农民工返乡创业发展规律、制约瓶颈与对策思考——基于湖北省15县67名返乡创业者的纪实调查[J]. 湖北经济学院学报，2008，6(6)：68-73

赵西华，周曙东. 农民创业现状、影响因素及对策分析[J]. 江海学刊，2006(1)：217-222

郑风田. 重提农村创业意义重大[EB/OL]. http：//finance.ifeng. com/opinion/fhzl/20100304/1885624. shtml，2010-03-04

钟柏昌，黄峰. 问卷设计的基本原则与问题分析[J]. 学位与研究生教育，2012(3)：67-72

朱红根，翁贞林，陈昭玖. 政策支持对农民工返乡创业影响的实证分析——基于江西调查数据[J]. 江西农业大学学报（社会科学版)，2011，10(1)：19-27

朱红根. 政策资源获取对农民工返乡创业绩效的影响——基于江西调查数据[J]. 财贸研究，2012(1)：18-25

朱明芬. 农民创业行为影响因素分析——以浙江杭州为例. 中国农村经济，2010 (3)：25-34

朱仁宏，陈灿. 创业研究前沿理论发展动态[J]. 当代经济管理，2005(1)：13-20

朱秀梅，费宇鹏. 关系特征、资源获取与初创企业绩效关系实证研究[J]. 南开管理评论，2010(3)：125-135

致　谢

当写到致谢时，不由得长出了一口气，一种如释重负的感觉涌上心头。这部专著历时数载方才完成，个中艰辛唯有自知。回顾整个写作过程，除了自己的努力与坚持外，还得到了太多的支持与帮助，故撰写此文聊表谢意，但感激之情绝非文辞所能尽意。

首先要感谢武汉纺织大学管理学院的领导为我提供了良好的科研环境与条件。院长夏火松教授是湖北教学名师、湖北省有突出贡献的中青年专家和国家优秀管理科学家库成员。在他的带领和鼓励下，学院形成了良好的学术氛围，青年教师群策群力，奋发进取。身处其中，我也加倍努力，先后获得教育部人文社会科学基金、国家自然科学基金、湖北省教育厅人文社科重点项目的资助。

在本书的写作过程中，我的同事为我提供了诸多的指导和建议。感谢向阳博士对问卷设计和数据分析的指导，感谢吴金红博士、张宇博士、吴国斌博士、张飞博士、黄纯辉博士和陈勇跃博士对研究内容的建议。对你们的帮助，我将永记在心！

感谢印第安纳波利斯大学(University of Indianapolis)的蓝采风(Phylis Lan)教授给我提供了赴美访学的机会。蓝教授是一位伟大的中国女性，她不仅学术造诣高深，学术成就卓著，而且心胸宽广、品德高尚。2000 年 11 月，《印城商业周报》公开评选蓝教授为印第安纳州最具影响力的 33 位女性之一，也是唯一入选的亚裔女性。蓝教授将是我终身学习的榜样！

感谢湖北省黄冈市英山县劳动就业管理局副局长邹盛瑜先生为我的实地调查提供了大力支持。近年来，英山县劳动就业管理局为促进农民创业做了许多扎实的工作，在全国率先引进了美国惠普公司援助中国农村富余劳动力创业培训项目，开创性地将惠普创业培训项目与 SIYB 课程相结合，创出了“惠普创业培训英山模式”，让越来越多的农民实现了创业梦想，在全县掀起了大众创业、万众创新的热潮。在这里向这些推进解决“三农”问题的实践者表示深深的敬意！

感谢武汉大学出版社责任编辑陈帆女士为本书提出了宝贵的修改意见和建议，她工作严谨细致，为本书的顺利出版付出了大量的心血。

我还要感谢我的学生们，我的硕士生任国章参与了问卷的预调查和数据录入，夏城等30名管理专业的本科生参与了问卷的正式调查，本书也凝聚了这些莘莘学子的辛勤劳动。

最后，我要万分感谢我的家人，是他们为我提供了无私的帮助，我才能在工作之余开展本书的写作。每当想到此，心头不禁感到一阵温暖，于是又有了继续前行的动力。这里还要特别感谢一下我聪明可爱的儿子，在他刚满六岁的时候，我离开他独自一人去美国访学，每当回想起临别时他搂着我的脖子不肯撒手的情景，内心就会感到无比酸楚。在美半年，他用自信、阳光和良好的适应能力表达了对我的支持，我用勤奋、进步和即将付梓的专著向他表示谢意！

许昆鹏

2016年7月于南湖